Leopold Winternitz, Leopold Hörmann, Eduard Steinböck

Der Bildlthaler : Volksstück mit Gesang in drei Aufzügen

Leopold Winternitz, Leopold Hörmann, Eduard Steinböck

Der Bildlthaler : Volksstück mit Gesang in drei Aufzügen

ISBN/EAN: 9783744682480

Hergestellt in Europa, USA, Kanada, Australien, Japan

Cover: Foto ©ninafisch / pixelio.de

Weitere Bücher finden Sie auf **www.hansebooks.com**

Als Manuscript gedruckt.

Uebersetzungsrecht für alle anderen Sprachen vorbehalten.

Für sämmtliche Bühnen mit Ausnahme jener Österreich-Ungarns*), im ausschließlichen Debit der **Theater-Agentur von J. Rubin in München** und von diesem allein ist das Recht der Aufführung zu erwerben.

Der Verfasser.

---

*) Die österr.-ungar. Bühnen wollen sich an Hrn. Dr. O. F. Eirich in Wien I. Wipplingerstr. Nr. 29 wenden.

Der Bildlthaler.

Volksstück mit Gesang in drei Aufzügen

von

Leopold Winter.

Gesangstexte von **Leopold Hörmann.**

Musik von **Eduard Steinböck.**

Reg. London. Stat. Hall.
München 1887.

Personen.

Hinterberger-Sepp, Besitzer des Lindenhofes.
Franz, } seine Kinder.
Leni,
Ferdinand Hofer.
Schreiber-Lenz (ca. 60 Jahre).
Kreuzer-Lipp,
Schachner-Mathias, } Bauern.
Einöder-Martl,
Jagl (Halbtrottel, großen Kopf, einwärts gebogene, aneinanderstoßende Knie, 60 Jahre).
Toni, Hausdirn am Lindenhof.
Kreuzer-Mali.
Schachner-Andredl.
Winkler-Loisl.
Einöder-Naz.
Holzner-Poldl.

Bauern, Burschen und Dirnen.

Die Handlung spielt in einem Dorfe Ober-Oesterreichs nahe der steiermärkischen Grenze.

NB. Vorliegendes Bühnenstück ist in oberösterr. Mundart geschrieben, doch versteht es sich von selbst, daß es den Herren Bühnenvorständen, sowie den Darstellern freigestellt ist, den Dialekt je nach den Lokalverhältnissen zu modificiren.

Erster Aufzug.

(Geräumiger Hofraum, rechts und links Wirtschaftsgebäude. Rückwärts eine Schenne, in deren Mitte ein Thor. Links ein gedeckter Tisch und Holzbänke.)

Erster Auftritt.

Hinterberger=Leni, Kreuzer=Mali, Toni und mehrere Dirnen an Brechscheiten Flachs brechelnd. Hinterberger=Franzl, Holzner=Poldel, Winkler=Loisl, Schachner=Andrebl, Einöder=Naz und andere Burschen mit den Dirnen schäckernd, ihnen Flachs zureichend ꝛc. Jagl von rechts ab und zu armvolle Ladungen ungebrochenen Flachs zutragend. Mehr im Hintergrunde Hinterberger=Sepp und EinöderMartl.

Dirnen und Burschen (singend, die Ersteren mit dem Brechscheit den Tact dazuschlagend).

In's Brecheln! in's Brecheln!
Was Füaß hat und Händ',
All's muaß sie heunt rigeln —
 Firsaparament!

Da wird's wia am Kirta
Kreuzlusti und frei,
Heunt gibt's nöbn da Arbat
 A Hetz a dabei.

In's Brecheln! in's Brecheln!
Was Füaß hat und Händ',
All's muaß sie heunt rigeln —
 Firsaparament! (Jobler.)

Hinterberger (mit einem Kruge zu den Brechlerinen.) Nur allweil lusti! Is recht. A fröhlig's Gemüath macht rigelsame Händ. Is an alte G'schicht.

Poldl. Wahr is's. Aber was i sag, Hinterberger, Du hättst soll'n an Advakat wer'n — 's Mundstuck hätt'st dazua.

Hinterberger. Is völli schab; wird aber a so a recht sein.

Loisl. Döstwög'n kannst aber Dei G'setzl schon weiter sag'n, mia hör'n aufmerksam zua.

Andredl. Aber an Durscht ham ma a!

Hinterberger (gedehnt). So? — hab mir's eh denkt. Drum han i enk da a Töpferl bracht, daß d' Agen*) van da Zung' in Magen abirutschen.

Poldl. Is koa dummer Einfall dös, Bauer. (Den Krug nehmend.) Sollst leben, Bauer! (Trinkt.)

Hinterberger. Dank schön. Is a rarer Wunsch.

Loisl (den Krug nehmend.) Für an jed'n Schluck, der da brinn is, a guats Jahrl, Bauer! (Trinkt.)

Andredl. O mei! Dös war' g'faihlt!**) Der lassat enk auf an oanzigen Schluck koa Tröpferl mehr drinn; und oa Jahrl war do schiar z'weng. (Nimmt ihm den Krug vom Munde.) Obs d' auslassen wirst!

Hinterberger. Vergunn eahms, 's Fassl in mein Keller drunt'n is voll gnua, da wern nu a ötliche van enk voll, bevor 's laar is. (Wendet sich zum alten Einöder.) Dö Lotter wer'n ön Hinterberger=Sepp'n nu lang nöt ausjausen.

Einöder. Na ja freili! War nöt schlecht, wenn j'es kunnt'n! War nöt schlecht!

Hinterberger. Richti, was is's denn mit Dein Naz'n?

Einöder. Mei, der is gar so viel scheuch.***) Aber i wia'n schon aufrigeln.

Hinterberger. War ma scho recht, Einöder, mit an loahmlaketen Schwiegersuhn hätt' i nöt viel Freud'.

---

*) Abfälle beim Flachsbrecheln. **) gefehlt. ***) scheu.

Einöder. Na ja, na ja. Wirst schan z'frieden sein mit eahm, i hoff's.

Hinterberger. War nöt unöbn. Is a rars Dirnbl, mei Leni, braucht oan, der ihr's Wilde abaramt. (Geht rechts ab.)

Einöder (Winkt seinem Sohn).

Nazl (herankommend). I bin schan da, Vater.

Einöder. Na, was stehst denn alleweil da, wiar a Knah vorm neuchen Stadtthor? Kannst nöt a Wartl reb'n mit der Leni?

Nazl. Aber wann ma nix einfallt.

Einöder. Hast denn koane Augen im Kopf? Schau zua, wias d' andern Buabn machan.

Nazl. Ja, zuaschau'n thua i eh!

Einöder (ärgerlich). Kreuzbivi! Wanns d' zuaschaust, so thua eahner's nach.

Nazl (dumm lachend). Der Hinterberger=Franzl hat b' Toni in b' Seit'n zwickt — dös kunnt i a.

Einöder. Söll that si' nöt schicka; aber so a Tupferl mit'n Ellbogen, dös is nobli, — dös kunntst probirn.

Nazl (lacht). He, he, he.

Einöder. 'S is nur um's Anfanga. Sie schaut si' um, reb't was, Du giebst a g'scheite Antwort, aften giebt sie wieder a Antwort, aft reb'st Du wieder was, und der Disch=kurs is förti.

Nazl. Ja, ja, der Dischkurs is förti.

Einöder. Hiazt geh' zua und schau, daß b' mit der Leni anbandelst.

Nazl. Ja, ja, i geh' schan. (Geht und stellt sich hinter die Leni. — Unterdessen haben die Burschen und Dirnen alle ge=trunken.).

Mali (welche als letzte getrunken hat). Da war nu*) a Noagerl**), wer mag's?

Jagl (eben mit einem Bündel Flachs kommend, wirft das=selbe auf den Boden). Da Jagl! Is safrisch hoaß da brent, da Jagl hat an Mordstrum Durscht, möcht a was trinka.

---

*) noch. **) Neige, Rest.

Andredl (ihr den Krug aus der Hand nehmend). Na, Jagl, 's kunnt da*) schaden. Bist ganz dahitzt, wann's b' am End a Lungenentzündung kriagst — war schad um so an schön' Kerl, wia Du. (Gelächter.)

Jagl (freundlich grinsend). A na, 'm Jagl g'schiacht nix.

Andredl. Z'wög'n meiner — aber wann's b' sturbst, an zweiten Jagl gibt's nöt!

Jagl (wie oben). Freili, koan zweiten gibt's nöt. Aber an Mordstrum Durscht hätt' er schan, da Jagl.

Andredl (giebt ihm den Krug). Na, sauf zu, aber gib Obacht, daß d'n Kruag nöt abischlickst.

Jagl (leert den Rest). Guat is's g'wön, aber viel z'viel z'weng.

Andredl. Kriagst no a Mäul voll, wanns b'mir sagst, wer'n Jager Simmerl daschossen hat.

Jagl (geheimnißvoll). Der Jagl hat an Bildlthaler kriagt, redt nix — wanns Graz gilt. (Gelächter, Hinterberger erscheint rechts, macht eine zornige Geberde).

Jagl (Hinterberger erblickend). Ui Jegerl, da Bauer! (Läuft davon, die Anderen gehen zu ihren Plätzen bei den Brechscheiten. — Leni steht vorne links, hinter ihr Nazl. Dieser stupft sie mit dem Ellbogen.)

Leni. Na, was schlagst denn alleweil aus, wiar a stätig's Roß?

Nazl. Derentwög'n halt, daß b' was redst.

Leni. Wann Du statt mit'm Maul mit'm Ellbogen bischgarirst, so wiar**) i Dir mit der Hand b'Antwort daraufgeben.

Nazl. Nöt, — bös kunnt weh thoan.

Leni. Nacher sei so guat und laß Dir z'erscht b'Ellbogen auspolstern, daß nöt so grobat***) san.

Nazl. Auspolstern? Na ja, da wer i halt 'n Sattler schön bitten —

Leni (einfallend). Daß er Dir a recht a schön's G'schirr macht, mit große Scheuleder, kunntst leicht vor lauter Dummheit 'n Koller kriag'n. (Gelächter.)

---

*) dir. **) werde. ***) grob.

Jagl (mit einem Arm voll Flachs). Aus is's! (Wirft das Bündel zu Boden.) Nix mehr brent.

Anbredl. Fix Laudon! dös is g'scheit. Hiatzt kimmt's Tanzen!

Poldl. A jed's von uns nimmt nu g'schwind an Schippel. (Die Bursche vertheilen rasch das Bündel unter die Brechlerinen.)

Loisl. A G'sangl dazua war a nöt schlecht.

Alle (singen):

>   Am Tanzbodn, am Tanzbodn,
>   Dös g'steht an Jed's ein,
>   Da is's halt a Gaudi,
>   Da is's a feins Sein.
>
>   Da draht si' All's uma
>   Ju gschmachign Juhe,
>   Da thuat oan koa Boanl
>   Und sinst nixi weh!

Ein Bursche (singt):

>   A Liabl, frisch gsunga,
>   Giebt freudig'n Muath,
>   Und a Tanzl, schen g'schwunga,
>   Is gar so viel guat!

Chor:

>   Is gar so viel guat
>   Und is gar so viel schen,
>   Wann Zwoa so ön Schritt
>   Mitananda thoan gehn!

Hinterberger (vortretend). Und hiazt mach i mei Danksagung. Habt's rechtschaffen fleißi garbat, seib's böstweg'n um an Eichtl ehanta förti wor'n, wiar i mirs denkt hab. — Na, is koa Unglück, wird enk d' Zeit nöt lang werd'n.

Loisl. Ehanta*) z'kurz, wann aufg'spielt wird.

Hinterberger (krazt sich). Dös is grad bö bumme G'schicht mit'n Aufspiel'n! Weils enk gar so tummelt habts mit'n förti werd'n, müaßt's schon a weangerl warten, müß'n eh' glei kemma, b'Spielleut.

Poldl. Nur a Musi, nacher is eh' recht. Than m'r Fingerhackeln daweil.

---

*) eher.

Andredl. Na nöt! Da Jagl hat gar so a schöne Stimm, der Jagl soll singa!

Hinterberger. Wann's ös den Hascher in Ruah laßats, war g'scheiter!

Jagl (vortretend). Singa — he, he, he — singa kann a schan da Jagl — und wia! (Athmet tief — Kropfathmen.) (Singt):

>Den kropfadn Jagl,
>So hoaßn mi d' Leut,
>Und i han mit mein Kropf a
>A g'waltige Freud.
>Mei Kropf is a Erbtheil
>Va Vater und Moahm:
>Denn an ornblinga Kropf
>Ham ma All'sand dahoam.
>
>„Da kropfade Jagl",
>Mögts froz'ln und sagn,
>Mei Kropf, der ghert mein,
>I alloan han 'n z'tragn.
>Er is mar nia z'schwar warn
>Er hat mi nia g'irrt,
>Sunst hät' i ma 'n eh schan lang
>Wöggabalwiart.   (Jodler.)
>
>Da Jagl hat gsunga,
>Ganz gwiß hat 's enk gfalln,
>Drum derfats ön Jagl
>A wenkerl was zahln.
>Van Dirndl a Bußerl,
>Van Buaman an Wein —
>Denn umsunst will da Narr
>A da Jagl nöt sein.   (Jodler.)

(Während des letzten Jodlers kommt ein Fiedler, ein Clarinettist und ein Baßgeiger mit Instrumenten von links und spielen die Begleitung.)

Jagl (zu den Musikanten). Na nöt, ös that's ön Jagl sein schönstn Jodler verschandeln mit enkerer Dudlerei!

Die Burschen. D' Musi', b' Musi'! Hiatzt kann's losgehen! (Alle drängen sich durchs rückwärtige Thor in den Stadl. Zurück bleiben Franzl und Toni.)

Toni (geht zögernd, bleibt vor dem Thore stehen.)

Franzl. Magst nöt eini?

Toni. Lieber nöt.

Franzl. Schau, zweg'n wö denn?

Toni. Dös kunntst da eh denka.

Franzl. I denk scho gar nixi die ganze Zeit her, weil i mi sakrisch drauf g'freu, daß i Di heunt ganz unschanirt vor alle Leut in b' Arm nehma und 'n ganzen Abend ans Herz druka kann, und derf koa Mensch nixi nöt was dageg'n hab'n.

Toni. Grad dößtweg'n wars mir am liabern, wenn i nöt einimüaßt.

Franzl. G'freuts di nöt, oder bist leicht marod?

Toni. Marod bin i nöt und g'freun thats mi schan a, wenn i'n ganzen Abend mit Dir kunnt tanzen. Selb aber geht nöt, weil mir g'scheit sein müaßen und nixi verrathen derf'n von unserer Liab! Und bevor i's über's Herz bringa und zuschaun kunnt, wias Du mit Andern tanzst, is's frei g'scheiter, i geh gar nöt eini.

Franzl. Bist a Tschapperl! Kimm nur! Dös Hoamlithoa wird mir schan z' dumm. Sollens seg'n, daß die Toni mein Schatz is, sollen's seg'n!

Toni. Franzel, i hab Di recht, recht gern, aber dös laß D' bleib'n, zweg'n Dein Vadern laß 's bleib'n.

Franzl. Dös is schan oa Teuxel, ob mei Vada b' G'schicht heunt b'erfahrt oder morgen. G'schenkt wird's eahm nöt.

Toni. I hoff's. Aber Dei Voda is oamal z'stolz, und mit G'walt hat nu Neamb was gericht bei eahm. Dößtweg'n darfst nöt so gach sein, Franzl, muaßt nur fleißi aufpassen, ob's D'n nöt amal bei der richtigen Falt'n derwischen kannst.

Franzl. O mein, kann lang hergeh'n, bevor der bö richtige Falt'n zoagt, kunntst graue Haar kriag'n daweil.

Toni. Selb war freili a weng z'lang.

Jagl (von rechts, eilig). Franzl, Franzl!

Franzl. Na, na — was hast denn?

Jagl. Sollst g'schwind in Roßstall kemma, laßt da Großknecht sag'n.

Franzl. Is leicht was g'scheh'n?

Jagl. Dei Falben hat a kloans Falberl kriagt. (Franz und Jagl rechts ab.)

Toni. Schiar verzagt bin i, wann i denk, was's mit uns zwoa Leut no werd'n wird. J bin grab so beschaff'n, wie b' reichste Bauerstochter, und koa Dirn af der ganzen Welt kunnt' ihren Buabn so gern hab'n, wiar i mein Franzl — aber an arms Dirndl bin i halt, und das is g'faihlt. — Ja wann ba Franzl an armer Bauernknecht war' — juchaz'n that i vor Freud! (Singt):

    Da drinnat san s' lusti
    Und tanzn si warm —
    Und i steh heraußtn
    Alloani und arm.

    Mi ziemt Alls so zwider,
    So fad und so trüab,
    Zwögn dera vateuxltn,
    Unglücklign Liab.   (Pause).

Zweiter Auftritt.

Hinterberger (durch das Thor), Toni.

Hinterberger (kommt unbemerkt und legt ihr die Hand auf die Schulter). Was simulirst denn? Z'weg'n wö bist denn nöt brin bei die Andern?

Toni. 's is gar so viel schön da heraust.

Hinterberger. Aber da drinnat tanzens.

Toni. Mi g'freut's Tanzen nöt.

Hinterberger. Kimmt nöt alleweil vor, daß a jung's saubers Dirndl 's Tanzen nöt g'freut. — G'fallts Dir leicht nöt da af'n Lindenhof?

Toni. Na, i hätt grab koa Klag.

Hinterberger. That mi a wundern, wanns d'oane hättst. — Gelt, a schöner Hof das, da Lindenhof?

Toni. Rechtschaffen schön, selb muaß jeb's sag'n.

Hinterberger. Aber Oans faihlt — b' Hauptsach.

Toni. J wüßt nöt, was fehlen that — ba muaß si ba Bauer schan besser auskenna.

Hinterberger. Halt b' Bäuerin faihlt ba am Lindenhof.

Toni (betroffen). Na jo — freili — dö faihlt.

Hinterberger. Ich hab die ganze Zeit, was D' ba

bist, mei' Aug auf Di' g'richt'. Dreiviertel Jahr is 's her, gelt? — — Mein Suhn, da Franzl, war schier alt gnua, um sich unter die Weiberleut umz'schaun, aber er hat koa Kuraschi oder is leicht gar a Weiberfeind, muaß i's halt an seiner Stell' probiren. Was moanst denn, Toni?

Toni. I moan, — i denk — weil i halt an. arm's Dirndl bin. —

Hinterberger. Dafür bin i der reiche Lindenhof=bauer. Du bist a saubere Dirn, g'schwind bei da Arbat, sparsam, koa Putzdocken, und speanzlst nöt mit die Manner=leut, a solche Bäuerin paßt mir auf'n Lindenhof. So sag's frei, Toni, willst Du b' Lindenhofbäuerin werden?

Toni. I kanns frei nöt glauben, daß 's 'n Bauern sein Ernst is.

Hinterberger. Was i red, is g'redt — Willst? —

Toni. O mei, dös is ja's höchste Glück, was i mir gar nöt z' denken hab' traut. Und der Franzl, der wird 's schier nöt glaub'n mög'n.

Hinterberger. Z'weg'n den muß't da koa Sorg nöt mach'n, mit dem wiar i schon förti wer'n. I hab' bis jetzt koa Klag g'habt über 'n Buben, und wann i eahm die G'schicht ausbeutsch', aft wiad's schon recht sein.

Jagl (von rechts eilig). Bauer, Bauer!

Hinterberger (ärgerlich). Hol di' da Guga (Kukuk).

Jagl. 'n Jagl nöt, aber 's Falbl holt a.

Hinterberger. Was red'st?

Jagl. D'raufgeh'n will's, 's Falbl. Da liegt 's, wiar a g'stochene Sau — koan Maugezer*) macht's mehr.

Hinterberger. Kruzi — Türken, dös war g'faihlt! (Zur Toni). Morgen reden wir weiter, Tonerl. (Im Abgehen zu Jagl). Was is denn glei g'schehn? — Habt's g'wiß wieda nöt aufpaßt und a Dummheit g'macht.

Jagl. Weil 's halt a kloans Falberl kriagt hat. (Beide rechts ab.)

---

*) Muckser.

Toni (kleine Pause). Jetzt woaß i nöt, is dös Alles so wirkli, oder hat's mir nur tramt. Frei narrisch kunnt i werd'n vor lauter Freud'!

Dritter Auftritt.

Franz (von rechts), Toni.

Toni (ihm entgegen, fällt ihm um den Hals). Franzl, Franzl!

Franz. Hin is 's! 's schönste Roß im Stall! Flehna*) kunnt i.

Toni. Mach' Dir nix draus. I woaß dafür was Anderes, was Di recht g'freu'n wird.

Franz. Nöt um a G'schloß hätt' i 's hergeb'n!

Toni. Geh', sei g'scheit, Franzl, g'schehn is g'schehn und Du machst as hiatzt nimmer anders. Wanns D' mir jetzt glei a freundlich's G'sicht machst, so sag' i Dir was, was Di' mehr g'freun wird, wia wann 's Falbl wieder lebendi wurd'!

Franz. Dös müaßt scho ganz a sakrische Freud' sein, was D' mir da z' macha hättst.

Toni. Denk Dar, Dei Vada will Dir 'n Lindenhof geb'n und mi' als Lindenhofbäuerin a no dazua.

Franz (ihr an die Stirne greifend). Tonerl, bist leicht überg'schnappt?

Toni. Da, auf dem Fleck is er g'rad vor mir g'stand'n und g'red't hat er, wie wann 's eahm dö größte Gnad' war, was i eahm anthoan kunnt, wann i Ja sag'.

Franz. Mit so aner dummen G'schicht muaßt mir nöt kemma. Wer 'n Linderhofbauer kennt, wird a solchane Red' allzeit für an schlecht'n G'spoaß halt'n.

Toni. Derfst mir's schon glaub'n, Franzl, hab selb'n nöt g'wißt wiar i d'ran bin bei seiner Red', aber er hat's aufrichti g'moant und a großmächtige Freud' hat er g'habt, wiar er kennt hat, daß 's mar nöt z'wider is.

---

*) flennen.

Franz (freudig erregt). Tonerl, wann dös wahr is, nachant verliar i 'n Verstand vor lauter Freud'!

Toni. G'wiß is 's wahr. Und hiazt geh' mar übri zan Tanz. Hiazt derfst mit mir tanzen bis in der Fruah.

Franz (Juchzer). Ju, ju, juhu. (Beide durch's Thor ab.)

Vierter Auftritt.

Hinterberger (von rechts), darauf Kreuzer=Lipp, Schachner= Mathias und mehrere Bauern von links, Einöder=Martl durch's Thor, dann Jagl.

Hinterberger. Hölljakra! Aus da Haut fahr'n kunnt ma, wann ma nöt so fest d'rin eing'naht war! — A so a schön's Vieh und die Sakra lassen 's hin werd'n! 'S is zum d'erbarmen. (Sich umschauend — durch das Thor sieht man die Tanzenden und Toni mit Franz vorbeipassiren.) Na, und wo is denn d' Toni? — Schau mit 'n Franzl is f' beim Tanz. Is mar völli recht, daß dö zwoa mitanand harmoniren thoan. Gabat freili nixi d'rauf, wanns eahm zwider war, aber wann eahm d' Stiefmuada recht is, aft is ma scho' lieber. (Die Bauern kommen von links, ihnen entgegen.) Na, habt's enk recht Zeit lass'n, hab' schon g'fürcht, daß enk mei Essen z' g'ring war und daß i 's am End' alloan verkiefeln müaßt — war a schwar's Stuck Arbat für mi. Na — grüaß enk Gott alle mitanand!

Bauern. Grüaß Gott a!

Hinterberger. Sitzt's enk da a Weil nieder. (Links auf die Tafel zeigend.) A Tröpferl Wein, bevor dö Weiberleut in der Kuchl förti san, wird enk nöt schad'n. So, ruckt's nur z'samm, 's is Platz für Alle. (Setzen sich.) Jagl! Jagl!

Jagl (von rechts langsam herankommend). Waas?

Hinterberger. Na, was hatschst denn daher, wia a wacklati Ant'n.

Jagl. Na rennt ja eh, da Jagl.

Hinterberger (reicht ihm einen Schlüssel.) Da hast 'n Schlüssel zan Keller. Rechts hint' is an oanschichtigs Faß'l

Jagl. Dös soll er auffa trag'n, da Jagl?

Hinterberger. 'n groß'n Stoakruag füllst an und bring'st 'n auffa. Gib Obacht, daß D' koa Dummheit machst.

Jagl. Na ja, ja. (Geht langsam ab.)

Hinterberger. Um an Wein schick i 'n Jagl am liabern, der thuat koa Schluckerl, wann 's eahm nöt verlaubt is.

Kreuzer. Weil er a Tepp is. Steht schon in der G'schrift: „Sollst 'n Ochsen nöt 's Mäul verbinden beim Dresch'n. (Heiterkeit.)

Hinterberger. Bist leicht Du a solchaner, der sei Sach frei kann steh'n lass'n, wo 's eahm recht is und brauchst koan Angst z' hab'n, daß 's weniger wurd?

Schachner. Na freili, dös is Dir erscht an Abrahter*), der traut koan Menschen nöt, und b' Schlösser werd'n eahm alleweil z'weng.

Kreuzer. Ma muaß holt 'n Schlosser a leb'n lassen.

Hinterberger. Daß i sag — mit 'n G'sind is 's allweil a G'frött, und wann koa Bäuerin im Haus is, da moant a Jed's, 's kann thoa was 's will; und was enk da in der Wirthschaft d'rauf geht, is frei nöt zum daschwinga.

Kreuzer. Na, so schau' Di halt auf a Neuchs um a Bäuerin um.

Schachner. Wird nöt schwar sei', daß D' oane find'st, die a'f 'n Lindenhof paßt.

Einöder. Und a sauberne a no dazua.

Hinterberger. War schier 's G'scheit'ste.

Kreuzer. Oder kunntst in Auszug geh'n und 'n Franzl b' Wirthschaft übergeb'n, der wird schan schau'n, daß er nöt lang oanschichti bleibt.

Hinterberger. War schon recht, aber der Bua hat koan Schneid. Und b' Weiberleut, wann 's a gern möcht'n, beim Anband'ln, da müaß'n halt b' Mannerleut z'erscht 's Maul aufmach'n.

---

*) Geriebener.

Jagl (mit einem großen Krug von rechts, stellt ihn auf den Tisch.) Dös is aber a guat's Trankl.

Kreuzer. Hast trunka?

Jagl. Na, na, trunka hat er nöt, der Jagl, er hat 's nur denkt.

Hinterberger (Schenkt in die Gläser, erhebt eins). I bring enks Monna, sollt's leb'n!

Die Andern. Sollst leben. Lindenhofer!

Kreuzer (zu Hinterberger). Na, was is 's denn mit Dein neuchen Nachbarn da drenten — mit 'n Eckhofer? — Hast den nöt eing'laden?

Hinterberger. Freili hab' i 'n eing'lad'n — hat a seine Leut herg'schickt in 's Flachsbrecheln.

Kreuzer. Aber selber kemma is er nöt. Mir sein eahm halt z' g'ring, mir Bauern.

Schachner. Statzt*) ganz herrisch daher, gar nöt wie Unseraner. Hat a schon 'n richtigen Beinam kriegt, — 'n Herrnbauer hoaßens 'n schon in der ganzen Gegend.

Einöder. Is 's wahr, daß er aus Amerika is?

Kreuzer (ironisch). Ob er g'rad so weit her is, dös woaß ma nöt, aber a Fremder is er halt und dös gift mi, a so a herg'loffener!

Einöder. Dös g'fallt ma eh gar nöt, daß 's verlaubt is, b' Bauerngüter auszukaufen — dös sollt nöt sein.

Schachner. Freili soll 's nöt sein.

Kreuzer. Und a ganz a neuche Wirthschaft will er einführ'n auf sein Hof, han i mir sagen lassen.

Hinterberger. Ja so is 's, b' Leut kennen sich gar nöt aus mit die neuartigen Werkzeug und Maschinen, die er mitbracht hat.

Kreuzer. Daß i nöt lach! Dö neuchen Erfindungen sein alle mit anand koan Schuß Pulver werth.

Schachner. Wahr is 's. In unsern Aufwachsen hab'n alle die Dummheiten nöt existirt, und der Bauer hat die Trugel voll g'habt mit harte Thaler.

*steigt.

Kreuzer. Und d' Bäuerin 'n Strumpf voll mit Silber=
zwanz'ger.

Einöder. Gar is 's mit bö hart'n Thaler und mit
bö Zwanz'ger. Geht Alles auf Steuern brauf und wird noch
alleweil z'weng.

Kreuzer. Und hiazt kemman b' Leut aus der Fremb'
a no daher und nehmen uns d' schönsten Gründ' vor der
Nasen weg.

Hinterberger (links zeigend). Dort kimmt er, der
Herrenbauer.

Fünfter Auftritt.

Ferdinand Hofer (mit großem, etwas verwilderten Vollbart,
Sammtrock, Pumphose, hohe Stiefel, breiten Filzhut, kommt von
links), Vorige.

Hofer. Ihr müßt schon verzeihen, Nachbarn, wenn ich
später komme. Ich weiß noch nicht, wie es hier Brauch ist.

Hinterberger (ihm die Hand reichend). Is schön von
Dir, Herrn — — will i sag'n, Eckhofer, daß D' kemma bist,
da is glei' a Platzl für Di.

Hofer (setzt sich). Schön Dank, Lindenhofer. (Kurze Ver=
legenheitspause, die Bauern räuspern sich).

Kreuzer. Is a recht a schöner Herbst heuer, gelt?

Schachner. D' Abend sein no' recht warm, für b'
Wintersaat wie b'schaffen.

Einöder. Frei Hembärmling kunnt ma da sitzen.

Hofer. Gewiß ist es angenehm, daß man den Abend
noch im Freien zubringen kann.

Hinterberger (schenkt ein). Is nur noch a Noagerl
brin, mußt schon valiab nehma, kimmt glei a frischer. (Ruft.)
Jagl!

Jagl (langsam von rückwärts kommend). Woos?

Hinterberger. An Wein sollst bringa. (Gibt ihm den
Krug.)

Jagl. Bringt 'n schon, der Jagl. (Ab.)

Hofer. Was ist denn das für ein sonderbares Geschöpf?

Hinterberger. Der Jagl is 's, der Bua von oaner Dirn, dö da amal af'n Hof g'wen is. Dö Dirn is fortganga und der Jagl is halt dablieb'n, wias schon is manigsmal auf so oan Bauernhof. Viel nutz is er just nöt, aber zum Brauchen is er.

Kreuzer. O, der hat 's fäustig hinter'n Ohr'n. Bis zum heutigen Tag hat er 's nöt verrathen, wer 'n Jager-Simmerl d'erschossen hat.

Hofer (plötzlich aufmerksam). Den Jager-Simmerl! Was is denn das mit dem Jager-Simmerl?

Jagl (kommt mit dem Krug). Da is er!

Hinterberger (die Gläser füllend). Is schon recht.

Kreuzer. Na, Jagl, wer hat denn an Jager-Simmerl d'erschossen?

Jagl. Hat an Bildlthaler kriagt, sagt nix, wann 's Graz gilt.

Kreuzer. Siagst as, da hast as. Und bös is sein Red' siba*) bera Zeit, wo's g'scheh'n is.

Hofer. Ihr müßt schon verzeihen, Nachbarn, aber weil ich da fremd bin, so wäre es mir angenehm zu erfahren, was es mit dieser geheimnißvollen Geschichte für ein Bewandtniß hat. Mich interessirt die Sache.

Kreuzer. Vor dreißig Jahr is bei der kahlen Wänd' a Jager derschossen wor'n, und bis heut woas koa Mensch nöt, wer 's than hat.

Hofer. Ist denn die Sache nicht vor Gericht gekommen?

Kreuzer. Freili. Hat lang gnua dauert, bis die Herrn beim G'richt herausbracht hab'n, — daß sie nix wissen.

Hofer. Das ist seltsam. Die Untersuchung ist also ganz erfolglos geblieben und nicht einmal ein Verdacht hat sich ergeben, wer der Thäter sein könnte?

Kreuzer. Ja, an Verdacht hab'n 's schon g'habt, aber beweisen haben 's eahm halt nix kinna.

---

*) seit.

Hinterberger (erregt). Moanst leicht, daß mei Bruder der Ferdl —

Kreuzer (einfallend). A na, Dein Bruder is nöt g'moant, der Schreiber=Lenz is ja a berentweg'n g'sess'n.

Schachner. Ja wann 's Dona aus unsriger Gegend than hat, so kunnt 's koan Anderer gewesen sein, als der Schreiber=Lenz.

Einöder. Na, söll is nöt g'wiß, der Ferdl hat sich nöt verbessentirn kinna, wo er selbige Nacht g'wesen is, und der Schreiber=Lenz a nöt, aber den Stutzen vom Ferdl haben 's dort g'fund'n, wo der Jager=Simmerl maustodt g'leg'n is. Und wia war denn den sein Stutz'n hinkemma? Der is do nöt selber hinganga.

Hinterberger. Wann a 'n Ferdl sein Stutzen dort g'leg'n is — er hat 's do nöt than, das muß Jeder sag'n, der 'n Ferdl kennt hat. J könnt' drauf schwören, daß ka Andara g'wen is, wia der Schreiber=Lenz. Dem is Alles zuz'trau'n, was nur schlecht's auf der Welt gibt. Na ös kennts 'n ja Alle, den Vagabunden, der kan Menschen in Ruh' laßt, die Bauern aufzünd't und untereinanderhetzt und nur von seine Schlechtigkeiten lebt. Mein armer Bruder hat unschuldig leiden müssen wegen seiner, wegen so an Lumpen, der schon längst den Galgen verdient hätt'.

Kreuzer. Wann 's oaner von dö zwoa thoan hat, so is 's der Schreiber=Lenz, der Haderlump, der unstrafate Kund.

Hofer. Wer ist denn dieser Schreiber=Lenz?

Kreuzer. A verdorbener Student is er, den unser seliger Herr Pfarrer aus Mitleid aufzog'n hat. Aus 'n Seminari is er durchgangen, weil er nit hat Geistlich werd'n wollen, und so treibt er si hiazt in da Gegend umanand und macht bei den Bauern an Winkelschreiber.

Sechster Auftritt.

Schreiber-Lenz (verkommene Gestalt, grauen, struppigen Bart, geflickte Lodenjoppe, kurze Schäftenstiefel, worin die Beinkleider stecken, ein Bündel auf den Rücken und einen alten Plaid über die Schulter geworfen, kommt von links, bleibt stehen und sieht sich um.) Vorige.

Kreuzer (auf Lenz zeigend). Wann ma 'n Wolf nennt, kimmt er g'rennt.

Hinterberger. Wahr is 's.

Kreuzer. Der Haderlump!

Hinterberger (zu Kreuzer). Bist nöt glei' stab! Der is z' fürchten.

Lenz (langsam vortretend). Da san 's ja alle mitanand, dö Schwar'n!*) — Na, was schaut 's mi denn so an? Kennt's 'n leicht nimmer, 'n Schreiber-Lenz? — Ruckt's z'jamm, will enk die Ehr erweisen! (Setzt sich, nimmt Hinterbergers Glas und trinkt.)

Hinterberger. Grüaß Gott, Lenzl! Bist a wieder amal da?

Lenz. Was fragst denn, ob i da bin? Sichst mi leicht nöt?

Kreuzer. Zum d'erkenna bist alleweil, brauchst nur 's Maul auf z'machen.

Lenz. Aber wer Des seid's, dös d'erkennt ma, noch bevor no Daner von Enk 's Maul aufmacht.

Kreuzer. Is do guat, daß an Unterschied is.

Lenz. Is übrigens a nöt der oanzige Unterschied. Kunnt enk a ganze Naturg'schicht aufzähl'n, aber dös hat Zeit. (Hofer erblickend.) A, Des seid's gewiß der neuche B'sitzer vom Eckhof, den 's schon 'n Herrnbauer hoaßen?

Hofer (kalt). Ferdinand Hofer heiß ich.

Lenz. Is mir recht angenehm, Euch kennen z' lernen. Hab mir schon lang den Mann anschau'n woll'n, von dem dö liab'n Leut da so viel z' red'n hab'n.

Hofer. Ich wüßte nicht —

Lenz. Was sie von Euch z' red'n hätten? O da kennt's

---

*) Schweren, die Protzen.

Des*) unsere biedern Landleut no lang nöt. Dö red'n von Allem, was sö nöt verstengan, und enk, denk i, werden 's no lang nöt versteh'n lernen.

Kreuzer. Da werd'n wir halt zu Dir in b' Schul geh'n müssen.

Lenz. Zu mir nöt, aber zum Eckhofer da. Wie i enk kenn, ös lieben Leut, thut's ihm da in 's G'sicht schön, wie wann enkere Zung' von Zuckerkandl wär, aber hinter sein Rucken machts enk lustig über die Neuerungen, die er in seiner Wirthschaft einführt, über die amerikanischen Doppelpflüg', über die neuen Maschinen, die er mitgebracht und über Manch's Andere. Hab' i vielleicht nöt recht?

Hinterberger. Derfst nöt glaub'n, Eckhofer, was der daherred't, derfst 's nöt glauben.

Kreuzer. Mir woll'n guate Nachbarschaft halten, wirst es schon seg'n.

Einöder. Mir sein verträglich und red'n koan Menschen was übles nach.

Schachner. Freili, freili! Nöt a Wartl.

Hinterberger. Deine neuchen Maschinen woll'n wir anschau'n, wann 's verlaubt is.

Hofer. Mit Vergnügen.

Lenz. Anschau'n könnt's es schon, aber ob 's was versteht's, das is was anderes. Wann 's Enk d'rum zu thun wär, was zu lernen, dann möcht's Ihr nöt b' Sonntag im Wirthshaus versitzen. Bücher gibt 's g'nua, die a Bauer lesen und versteh'n, aus denen er erfahren kann, wie er 's anfangen muß, daß er's in der Wirthschaft vorwärts bringt.

Kreuzer. I kenn Oan, (mit einem Blick auf Lenz) der sitzt da ganz in der Nahet, hat a ganze Trugel voll Bücher in sein Plutzer drinn, und lauft do in der Welt als a Lump umanand'.

Lenz. Kreuzhofbauer, Du bist doch a Teufelskerl! Aber wanns Du nöt mit 'n Kreuzhof im Sack auf b' Welt kumma warst, hätt'st's leicht bis zum Roßknecht bringen können, aber weiter nöt. Warum aber i a Lump wor'n bin, das wißt 's ös Alle. Nöt weil i was g'lernt hab', sondern trotzdem

---

*) Ihr.

i was g'lernt hab'. Aber ös Bauern, dö 's niemals was lernt's, glaubt's do Alles besser z' versteh'n, als der G'scheid'tste auf der Welt.

Schachner. I moan halt, was der Bauer braucht, das lernt er eh von sein Vadern, d'rauf braucht er nöt erst viel z' studir'n.

Kreuzer. Und ob die neuchen amerikanischen Pflüg' besser san wie die unser'n, dös muaß ma erst seg'n.

Lenz. Recht hast, Kreuzhofbauer, wird a 's G'scheiteste sein. Abwarten und zuschau'n, dabei kriegt Dei Kopf koa Loch, sondern höchstens Dei hirschlederne Hos'n. (Gelächter.)

Kreuzer. Schafwollene hab' i an.

Lenz (mit der Hand über Kreuzers Beinkleider fahrend). Richti, kimmt ma grab so für, wia wann 's auf Dein eigenen Fell g'wachsen waren. (Gelächter.)

Kreuzer (auffahrend). Schreiber-Lenz!

Lenz (laut). Was willst denn? 's dumme Schaf frißt sein Gras und laßt sich scheren. Bei enk Bauern is 's grad dasselbige und wird nöt ehnder anders wer'n, bis enk der Knopf aufgeht und bis zur Einsicht kummt's, daß 's Lernen a für enkere Bauernschädeln koa Luxus nöt is. (hebt sein Glas und hält es Hofer entgegen.) Laß ma 'n Fortschritt leb'n!

Hofer (thut als ob er nichts bemerke. — Pause).

Lenz. Na, Des wollt's mit mir nöt anstoßen, Eck-hofer?

Hofer. Ich danke für die Ehre.

Lenz. D' Leut sag'n, Des wärt's a Amerikaner. Wird schier nöt wahr sein. Der richtige Amerikaner taxirt 'n Menschen nöt nach 'n Rock, den er anhat.

Hofer. So ist es. Der Amerikaner schätzt den Menschen nach seiner Ehrenhaftigkeit.

Lenz (erregt). Kreuzelement! Wer hat Enk g'sagt, daß der Schreiber-Lenz koa Ehre hat?

Hofer. Ich habe nicht viel Gutes über Euch gehört.

Lenz (wild auflachend). Hahaha! Also Des habt's schon g'hört, was d' Leut da von mir red'n? (Die Bauern fixirend.)

Kann mir 's denken, von wem. San ja lauter Ehrenmänner, die Enk das g'fagt hab'n.

Kreuzer. Von uns is do no koaner in Kriminal g'fessen.

Lenz. Sitzt gar Mancher nöt auf dem Platz, der sein g'hört. Und wann i so g'schwind war mit 'n Red'n, wie ös, i könnt Enk oan verrathen, dem sei G'wissen nöt so ruhig is, wie 's meinige.

Hofer (überrascht, Lenz an der Schulter fassend). Was sagt Ihr? (Kurze Pause, dann nachdrücklich.) Wenn Ihr Euch reinigen könnt' von dem Verdachte, der auf Euch lastet, weßhalb denn laßt Ihr ihn auf Euch sitzen?

Lenz. Weßhalb fragt Ihr? Weil Verdacht und Beweis zweierlei san. (Hofer fixirend.) Aber — vielleicht — vielleicht gelingt es mir — auch den Beweis herzustellen.

Jagl (der unterdessen in die Scheune gegangen, hervorstürzend). Bauer! Bauer!

Hinterberger. Na, was schreist denn, Tepp?

Jagl (weinend). D' Lenerl — b' Lenerl. (weint.)

Hinterberger. Na, so red' amol!

Jagl. D' Hand hat 's brocha — arm's Lenerl. (weint.)

Hinterberger (erschrocken). D' Hand brocha hat 's? (Erhebt sich.)

Jagl. Beim Fingerhageln mit 'n Einöder-Natzl, ja, ja. (Weint.)

Hinterberger. So a Tepp! (Zu Einöder.) Wann i so an Bub'n hätt, den daschlagat i. (Zu Jagl.) Der Mathias soll einspanna und 'n Bader hol'n!

Einöder. Was schickst denn nöt um 'n Schmied von Niederndorf? Der hat a guat's Pflaster, was alle Brüch' wieder z'sammpappt.

Hofer. Ich versteh' mich ein wenig auf so was. Wenn's erlaubt ist, so geh' ich mit und schau' 's an.

Hinterberger. Wär mir schier recht, wenn b' Hilf so in der Nahet war. (Zu Jagl.) Der Mathias soll no an Eichtl wart'n mit 'n Einspanna. (Mit Hofer nach der Scheune ab.)

Jagl. Na ja, ja.

Kreuzer (ironisch). Na, dös is g'scheidt. Hiazt hab'n ma an Doctor a in der Gmoa, der nix kost. (Lacht.)

Schachner. Wenn er was versteht, mir kunnt'n eahm schon guat braucha.

Kreuzer. Daß i nöt lach'! I kenn' mi aus in b' Leut, i! Nix versteht er! A Flausenmacher is er!

Schachner. Moanst? — Kimmt mir eh' a so für.

Kreuzer. Wann er sich auf die Doktorei verstund, wär er in Amerika blieb'n, dort san 's eh rar, die Doktor, han i mir sag'n lass'n.

Schachner. Wird leicht a so a Bauern=Doktor sein, der in koaner Lehr g'wen is.

Einöder. Wie der Schmied von Niederndorf.

Lenz. Und dem Ihr doch lieber Leib und Leben an=vertraut, wie einem, der was g'lernt hat, he?

Kreuzer. Is halt schon so bei uns Bauern. (Spitzig.) Mit unsere Prozeß lauf'n mir a nöt glei zum Advokaten, mir probiren 's z'erscht mit 'n Winkelschreiber. (Gelächter.)

Lenz. Is do an Unterschied! 's Erste thut 's aus Dummheit, 's Andere aus Schmutzerei, weil der Winkel=schreiber, der obendrein enkere Kniffe und Schliffe aus 'n „ff" kennt, an armer Teufel is. Bleibt ihm halt nichts übrig, wenn er 's Leb'n hab'n will, als enkere Schmutzwäsch um a paar Groschen in b' Arbeit zu nehmen. Den Vortheil habt's ihr und von enk aus is no koiner von uns a Millionär word'n.

Siebenter Auftritt.

Hinterberger. Die Vorigen.

Kreuzer. Na, was is 's, Lindenhofer?

Hinterberger. Hat sich halt b' Hand aus 'n G'lenk außakegelt.

Kreuzer. A Jegerl! — Na und der Herrenbauer?

Hinterberger. O mei, der versteht 's! Hat zarrt und druckt, an Rucker hat 's than und knax — war enk bö G'schicht wieder eing'richt.

Einöder. Und weiter hat er nix than? Koan Pflaster? Der Schmied von Niederndorf —

Hinterberger. Geh, laß mi aus mit Dein Schmied! Verbinden muß er 's halt noch, sagt er, und morgen is gut. Da sein 's halt um a Leinwand ganga. Na Gottlob, i bin froh, daß 's so ausganga is.

Schachner. Is halt doch koa z'widerer Mensch, der Herrnbauer.

Kreuzer. Red's was wollt's, mir g'fallt er nöt; schon wie er in der G'schicht vom Ferdl umig'stierlt hat, wie wann 's eahm was angang! Frei nöt auslass'n hat er 's mög'n, bis er alles g'wußt hat.

Hinterberger. Ja, ja, so is 's.

Kreuzer. Scheint 'n recht interessirt z' hab'n. Woaß mer 's denn, was dahinter steckt?

Hinterberger (ängstlich). Moanst leicht gar, Kreuz=hofer? —

Kreuzer. Kennt 'n ja Neamb. Leicht is 's wahr, daß er aus Amerika is, aber kurios is 's do. Hab' nur alleweil g'hört, daß d' Leut von uns in's Amerika wandern. Daß aber bö von drent a zan uns uma kemman, selb' is no nöt oft vorkemma.

Hinterberger (immer ängstlicher). 's is wirklich kurios.

Kreuzer. Kunnt scho sein, daß dena Herrn vom G'richt wieder bö alte G'schicht vom Jager=Simmerl ein=g'fall'n war.

Hinterberger. Dös is a Dummheit! Hab'n ja nix außabracht.

Kreuzer. Grad dessentweg'n. A Schand is 's halt do für bö g'studirt'n Herrn, daß s' nix g'funden hab'n, und da kunnts leicht oan von eahna einfall'n, so ganz hoamli unter der Hand zan Umistierl'n. Da schicken 's nachert oan, der sich für wen ganz andern ausgibt, als was er is, so an mit alle Salb'n g'schmiert'n, — in der Weanerstadt hoaßen 's Defectiv.

Hinterberger (erschrocken). An Defectiv!

Kreuzer. Der versteht 's. Der bringt 's schon außa.

Hinterberger (gespannt). Und der Herrenbauer — moanst?

Kreuzer. Na, drauf schwör'n kunnt i nöt, aber mögli war 's.

Schachner. Wohl, wohl, mögli war 's schon.

Hinterberger. Dös is a Teufelsg'schicht! (Die Hofglocke wird geläutet.)

Lenz. Hört's es? D' Schafglock'n! Enk geht 's an!

Hinterberger (sich gewaltsam zusammennehmend). Des liab'n Leut, 's Essen is firti. Geh' mer eini, — kannst a mithalt'n, Lenz, Du Safra.

Lenz. Dank' für dö Gnad'. Bin satt von enkern Dischkurs, ös — Schneider.

Kreuzer. Schneider?

Lenz. Alle seid's es. Des schneib's nemli den Leut'n b' Ehr ab.

Kreuzer (im Abgehen). So an Haberlump! (Alle rechts ab.)

Achter Auftritt.

Sämmtliche Burschen und Dirnen kommen schäckernd aus der Scheune und gehen vorne rechts ab. Zuletzt kommt Leni, den Arm in einer Binde und Hofer. Lenz links vorn.

Lenz. Merkwürdig is 's — die Aehnlichkeit! Na dös is nix Zufällig's — 's kann koa Anderer sein! — Und wann er 's is? Nachert — was nachert? Lenzl, g'freu Dich! Is leicht do mögli, daß b' Di reinwaschen kannst! 's wär 's Danzige auf der Welt, was D' noch erleben möchst, alter Lenz!

Leni (welche bis an die erste Coulisse rechts vorgegangen ist). Dank Dir halt recht schön, Eckhofbauer, daß D' mir mei Hand wieder af Gleich 'bracht hast.

Hofer. War eine leichte Mühe, hab' Dir aber weh' thun müß'n.

Leni. Weh' than hat 's schon safrisch, selb kann i nöt verleugna, aber i kunnt schon hiazt wiederum ganz ordentlich umfucht'ln.

Hofer. Nein, nein, bleib nur fein still und daß Du mir den Verband nicht abnimmst. Ich komme schon morgen ins Nachschau'n.

Leni. Is mir recht vom Herz'n lieb, wann 's D' wiederkummst.

Hofer. Das freut mich. Und jetzt, behüt' Dich Gott, Leni! (Will gehen.)

Leni. Kimmst denn nöt eina?

Hofer. Meine Leute sind fast alle da, ich muß heim nachschau'n.

Leni. Dös wird 'n Vadern recht verdrießen.

Hofer. Werd' schon morgen meine Entschuldigung vorbringen. Also behüt' Dich Gott.

Leni. B'hüt Gott a und nochmals, i dank Dir recht schön. (Rechts ab.)

Lenz (Hofer in den Weg tretend). Auf a Wort, Herr — Herr Hofer.

Hofer. Was wollt Ihr von mir?

Lenz. Vor Allem Enk sag'n, daß Des nöt der seid's, für den 's Enk ausgebts.

Hofer. Es sollte mich wundern, wenn Ihr besser wüßtet, wer ich bin, als ich selbst.

Lenz. Des seids der Sohn von dem Mann, der unter derselben Beschuldigung g'litten hat, unter der ich noch zu leiden hab' — Des seid's der Sohn vom Ferdl.

Hofer (betroffen). Ihr irrt Euch. Uebrigens habe ich durchaus keine Lust, Euch Rede zu stehen.

Lenz. Des müßt 's, wanns nöt wollt's, daß i Enker Geheimniß verrath.

Hofer. Was bringt Euch denn auf diese unglaubliche Vermuthung?

Lenz. Z'erst Enkere Aehnlichkeit mit 'n Ferdl. Wann's den Hinterwäldler=Bart wegrasirts und ein Bauerng'wand anlegts, so erkennen Enk die Andern a.

Hofer. Wenn Ihr Euch nicht täuscht, so ist die Aehn=lichkeit nur eine zufällige.

Lenz. Des nennts Enk Hofer — Ferdinand Hofer.

Hofer. Ich heiße Ferdinand Hofer.

Lenz. Hofer is der Familienname von Enkerer Mutter, und Ferdinand heißt 's wie Enker Vater.

Hofer. Hofer ist ein ebenso gewöhnlicher Name, wie Müller oder Schmied, und Ferdinand darf man doch auch wohl heißen?

Lenz. Des kummts aus Amerika?

Hofer. Mit Eurer Erlaubniß, ja!

Lenz. Und verrath's a groß' Interesse für die Jager=Simmerl G'schicht.

Hofer. Wenn das wirklich der Fall sein würde, dann wäre der Schreiber=Lenz kaum der Mann, mir darüber reinen Wein einzuschenken.

Lenz. Wer woaß? — Enker Vater is grad so wie i nur aus Mangel an Beweisen freig'sprochen word'n. Der Verdacht aber is auf alle zwa sitzen blieb'n. Dasselbe In=teresse also, das Des habts, den wahren Schuldigen z' finden, hab' a i. Des wollt's dem sei Ehr wieder herstell'n, i die meinige. (Mit Nachdruck.) Ferdinand Hofer, ich kann die Un=schuld von Enkern Vatern beweisen!

Hofer (freudig). Wie, Mann! Ihr könntet? — Sprecht, wodurch?

Lenz. Dieselbige Nacht, wo der Mord g'scheg'n is, hat der Ferdl ganz anderswo zubracht — drei Stunden weit vom Ort, wo 's g'scheg'n is. Na, Des derft's nöt bös sein — bei sein Dirndl, der Anna Hoferin. J selber war bis über b' Ohren ins Annerl verliebt und bin eahm nach= g'stieg'n und draußt Schildwach' g'standen wie a Narr die ganze Nacht, bis er wieder bei Tagesanbruch außakemma is. Und grad um dieselbige Zeit haben 's schon den todten Jager g'funden, der a Stund vorher in Wald gangen is. Na, da kanns do der Ferdl nöt than hab'n!

Hofer (erregt). Und da habt Ihr es über Euer Ge= wissen gebracht, einen Unschuldigen —

Lenz (einfallend). Aushalten, junger Mann, nöt so hitzig! — Z'erst haben 's mi selber a einkastelt, weil i mi nöt hab' ausweisen können, wo i die Nacht zubracht hab; und dann hätt's ja der Ferdl selber sag'n können. Na und wenn der stab war, so hat er halt sei Anna, wie ma auf gut deutsch sagt, nöt compromittiren woll'n. Hätt i 's thun sollen statt seiner? Das arme Madl is schwer krank wor'n vor Schreck, die hat nöt red'n können, und so is halt nix außa kema.

Hofer. Schreiber=Lenz, wäret Ihr bereit, das auch vor Gericht zu sagen und zu beschwören?

Lenz. D' Hand in's Feuer legen will i b'rauf!

Hofer. Habt Dank, Ihr rettet ein Menschenleben, meinen Vater. Er ist krank — an Heimweh krank, und das einzige Mittel, ihm die Gesundheit wieder zu geben, ist die Rückkehr in die Heimath. So lange er aber nicht von dem Verdachte gereinigt ist, der auf ihm lastet, kann er sich zur Heimkehr nicht entschließen.

Lenz. Wohl, wohl, i woaß was 's hoaßt, wie ein G'zeichneter unter die Leut herumz'geh'n. Aber, wann's a den Proceß revidiren laßt's und wann der Ferdl vom G'richt aus für unschuldi erklärt wird, was is 's nacha?

Hofer. Der Spruch des Gerichts ist doch ein unan= fechtbares Zeugniß!

Lenz. Für den Beschuldigten, aber für dö Andern nöt. Unsere Bauern, die lassen sich durch koan Wahrspruch überzeugen. So lang derjenige, der 's than hat, selbst nöt g'funden is, so lang wer'n dö Dan den Ferdl, die Andern den Schreiber=Lenz, für 'n Thäter halten, und kan Herrgott is im Stand dö von ihrer Ueberzeugung abz'bringa.

Hofer. Was is da zu thun?

Lenz. Den Thäter suachen und finden! Eckhofer, schaut's mich an. Ich bin nöt alleweil der verkommene Kerl g'wesen, als der i da vor Enk steh; aber der Verdacht, der auf mir liegt seit dreißig Jahr, hat das aus mir g'macht. Anfangs hab i 's gar nöt g'merkt, wie 's mit 'n Fingern auf mi g'deut hab'n, aber bald is 's mir klar wor'n, daß 's mir aus 'n Weg geh'n, wie an Aussätzigen. I hab fort woll'n, in d' Fremd, wo mi koa Mensch kennt — aber i hab 's nöt ausg'halten da draußt, alleweil hat's mi zurückzogen in meine Berg, und so bin i halt da blieben und bin worden, was i bin — a Vagabund, wia der Kreuzhofer sagt.

Hofer. Armer Mann!

Lenz. Anfangs hab i mi mit der Hoffnung trag'n, daß i den Menschen, der nach meiner innersten Ueberzeugung der Mörder sein muß, entlarven und der verdienten Gerechtigkeit ausliefern werd' können, den Kopf hab i mir zermartert und d' Füß' wund g'rennt — aber i hab kein Fleckl g'funden, wo i ihn hätt' fassen können. Und so steigt der Lump geehrt und geachtet daher und 's Gewissen rührt sich nicht in ihm. Verzweifeln hätt i mög'n und mir'n Tod geb'n, aber i kann nöt sterben, so lang das Kainszeichen auf meiner Stirn nöt weg= g'waschen is! — Da nach 30 Jahren voll Schmach und Elend schickt die himmlische Gerechtigkeit Enk über's Welt= meer übera — und kaum daß i Enk siach, fahrt's mir wie ein Blitz durch 'n ganzen Leib und zuckt in b' Seel', der Tag der Abrechnung, der Tag der Gerechtigkeit is da! Noch wirbeln meine Gedanken in wilder Jagd durcheinander. Noch rollt und braust es in meinem Gehirn wie a stürzende La= win, noch siach i den Weg nöt, der mi führen soll zum letzten, zum oanzigen Ziel meines Lebens — zur Rache an dem Mörder meiner Ehre; aber ich find ihn! Jeder Bluts= tropfen, der durch meine Adern zum Herzen bringt, ruft mir zu: „Ich find ihn!"

(Der Vorhang fällt rasch.)

Zweiter Aufzug.

(Geräumige Wohnstube bei Hinterberger. In der Mittelwand ein großes, tief herabreichendes Fenster mit der Aussicht auf die Straße, links zwei Fenster und eine Thür, rechts zwei Thüren und ein Fenster. Kachelofen, eine Bank rings um die Wand, großer, viereckiger Tisch, Lehnstuhl ꝛc.

Erster Auftritt.

Hinterberger (eintretend).

Hinterberger. Na, na, da Hinterberger valiert ön Kopf nöt! Er fürcht' si' nöt und wann's a no a Stucka zehn Defektiv daherschick'n. Haben's damals nix nix ausg'richt, wie dö G'schicht no funkelnagelneu war, dö findig'n g'studirt'n Stadtherrn, werden 's hiazt schwerli g'scheidter worden sein. — Der Jagl war der oanzige, der was red'n kunnt, wann er nöt, Gott sei's Dank, a Tepp war. Von dem bin i sicher, der hat sei G'setzl auswendi' g'lernt. (Dem Jagl nachahmend.) „Der Jagl hat an Bildlthaler kriagt, sagt nix, wann's Graz gilt." (Lacht.) Un da sollt i an Angst hab'n? 's war a Dummheit! — Sakra nu amal! Lusti will i sein! A Freud will i no hab'n, von mein Leb'n! — G'heirat wird nuamal, und dö säuberste Dirn in der ganzen Pfarr muaß mein g'hörn! Kruzinesa!

Zweiter Auftritt.

Schreiber-Lenz von außen bei dem großen Fenster. Hinterberger.

Lenz (pocht ans Fenster).

Hinterberger. Jesus, Maria und Josef! (Nach dem Fenster sehend.) Is a dafür g'stand'n, daß i so b'erschrock'n bin! Der Vagabund (Zu Lenz.) Was willst denn? (öffnet.)

Lenz. Di' anschau'n.

Hinterberger. Hast mi leicht nu nia g'seg'n?

Lenz. Und wenn 's D' mei Bruder wärst, müaßt i Na sag'n. In enk kennt si' nur da Hergott aus, und af d' Letzt no der Teufel!

Hinterberger. Du kennst Di schon aus, Du Sapermenter. Und weil i 's g'wiß woaß, daß D' nöt unser Herrgott bist, aft is mögli, daß D' a schon der andere warst.

Lenz. War mir schier recht — weil's eh mehr Respect habt's vorn Teufl, wia vorm liab'n Herrgott.

Hinterberger (gezwungen lachend). Moanst? (Plötzlich freundlich.) Na, Lenzl, magst nöt einikumma? Hast eh' gestern ön Stolz'n g'spielt, is nöt recht von Dir, war Dir vergunnt g'west; san ja do mitanand in b' Schul ganga, mir zwoa. No, so kimm eini!

Lenz (bei Seite). Der wird höflich. — Das hat was z' bedeuten. (Zu Hinterberger). Wenns verlaubt is. (Verschwindet vom Fenster.)

Hinterberger. Der is mir no aganga. Hat gestern mit 'n Defectiv no an langen Dischkurs g'habt, aft sein's mitanand furtganga, dö zwoa. — Wart's i zeig' enk schon 'n Weg, wos nöt weit zan geh'n habt's.

Lenz (eintretend). Grüaß Gott, Bauer!

Hinterberger. Grüaß Di Gott a. Komm', setz Di' nieder. (Schiebt einen Stuhl an den Tisch.)

Lenz. Mit Verlaub. (Setzt sich.)

Hinterberger. Mögst was? Is schon no was da zan kiefeln. (Geht an den Wandschrank und bringt Wein und eine

Schüssel mit Braten.) Laß dar's schmeck'n; is dar vergunnt. (Gießt ihm ein.) Trink, i thur a mit. (Schenkt sich ein.) Is freili no a weng z' fruh zan Weintrinka — — für mi halt, aber Dir z' liab — sollst leb'n. (Stoßt an das auf dem Tische stehende Glas.)

Lenz (essend). Dank Dir schön. Is nöt der Müh' werth — 's Leben nemlich. (Bei Seite.) Bin begierig, wo das hinausgeht.

Hinterberger. Ah, geh weiter, 's Leben is do no's Allerbest', was da Mensch hab'n kann auf dera Welt.

Lenz. Ja, weil's Leben 's Oanzige is, was er mit in's Grab nimmt.

Hinterberger. Wohl, wohl, drum laßt man si' a 's Sterb'n gern af b' Letzt. Traurig is 's nur für bö, was z'ruck bleib'n. (Seufzend.) Mei' armer Bruder Ferdl hat a d'ran glaub'n müß'n.

Lenz. An was hat er glaub'n müaßn?

Hinterberger. No an's Sterb'n halt.

Lenz. Nöt mögli! — G'storb'n is er leicht?

Hinterberger. Gott gib eahm b' ewige Ruah!

Lenz. Schon lang?

Hinterberger. Na, so a halb's Jahrl wird's halt her sein.

Lenz (bei Seite). Bin neugierig, warum er den sterb'n laßt? (Laut.) Warum hast D' denn davon gestern nixi g'sagt?

Hinterberger. Hat ja Neamd g'fragt, ob er no lebt?

Lenz. Das is richti, 's hat Neamd g'fragt.

Hinterberger. Und weil's 'n Ferdl niemals nix Gut's nachg'red't hab'n, so hab i 's halt für mi g'halt'n, damit's bö Mäuler nöt no mehr aufreiß'n.

Lenz. Hast eh recht. Is g'scheidter.

Hinterberger. Siagst, Du bist halt do oaner, mit dem ma no a Wartl red'n kann, 's is ma völli schwar af 'n Herz'n g'leg'n, daß i koan Menschen nixi hab' sag'n derf'n bö ganze Zeit; recht druckt hat's mi, derfst ma's glauben.

Lenz. Glaub's eh, haft halt so viel a woachs G'müath.

Hinterberger. Und nachend, daß i Dir sag' — bös schware G'heimniß, was i schon die ganzen Jahr in meiner Seel d'rin herumwürgen muaß.

Lenz. A G'heimniß hast a no, das tragt si' freili schwar.

Hinterberger. Hiazt, wo der Ferdl nimmer is, is 's freili um a Bißl g'ringer, aber deßtweg'n wurlt's halt do nu immer um da einwendi.

Lenz. Du d'erbarmst ma völli, Lindenhofer.

Hinterberger. Dank Dir schön, daß D' so a Mit=load hast mit mir. (Stoßt wieder an das stehende Glas.) Sollst leb'n!

Lenz. Sollst a leb'n!

Hinterberger. Is do a oagane Sach', wenn zwoa so alte Kameraden beinand sitz'n. Mar red't sich so leicht und eh' mar b' Hand umdraht, sitzt am schon 's Herz auf der Zung! Hiazt halt i 's nimmer mehr z'ruck, sollt's wissen, Bruder, alles sollst wissen, was mi' druckt.

Lenz (bei Seite). Hiazt kummt's. (Laut.) Willst leicht Dei' Beicht ableg'n bei mir? Du, i moan, 's war do g'scheidter, Du gangst zan Pfarrer.

Hinterberger. Du hast ja eh' auf geistlich g'studirt, und daß i Dir sag, grad zu Dir hab i mei ganz Vertrauen, weil mir halt mitanand aufg'machsen san!

Lenz. Meinetsweg'n — fang an.

Hinterberger. Na, alsdann — aber 's thut mer weh', daß i 's selb'n sag'n muß: (geheimnißvoll) der Ferdl hat's than — ja, ja, er hat's richti than, der Ferdl.

Lenz (bei Seite). Haderlump! (Laut.) Nöt mögli!

Hinterberger. Ja than hat er 's, und bös is so g'wiß, wia i da sitz', so g'wiß is 's. — Er hat mir's ja selber g'sagt.

Lenz (bei Seite). Schuft! (Laut.) Ja, wann er 's selbst g'sagt hat, nachend muß 's wahr sein.

Hinterberger. Glei' denselbigen Tag, wie er ham is

kemma, hat er mi af b' Seit g'numma und hat mir b'erzählt, wie 's g'wen is. No daschrocka bin i, daß b' Füaß unter mir san zitterad word'n.

Lenz. Armer Seppl, muß Dir recht hart g'schehn sein dabei.

Hinterberger. Zan d'rbarma, kannst mir's glaub'n. (Stoßt wie vorhin an.) Sollst leb'n Lenz! — Aft'n, wie's ihn eing'spirrt hab'n, dö Angst — davon hat ko Mensch koa Vorstellung nöt. Und siber dera Zeit liegt der Stoa auf mein Herz'n. Erst wiar i derfahr'n hab, daß 'n unser Hergott d'erlöst hat, is ma leichter word'n — na ja — i hab mir halt denkt, wenn hiazt was aussa kummt, g'scheh'n kunnt eahm ja do nixi mehr.

Lenz. Hast recht. Kann eahm nixi mehr g'scheh'n.

Hinterberger. Und was mi no am mehrsten druckt hat, war, daß i koana Menschenseel gar nixi hab sag'n derf'n. Hiazt freili, hiazt kunnt i schan red'n, wann nöt 's brüderliche G'fühl war, no jo, freili. Dös brüaderliche G'fühl, woaßt, wo b' Leut eh' noch so viel red'n — aber oan Menschen z' minderst hab i was sag'n müaß'n davon, daß i mir a weng Luft mach', und so bist Du mir g'rad recht daherkemma, Dir kann ma schan was anvertrau'n, ma braucht koan Angst nöt z' hab'n, daß D' as unter b' Leut bringst.

Lenz. Recht hast. Kann Dir meine Hand brauf geben, das bring' i g'wiß nöt unter b' Leut.

Hinterberger. Bist do a ganz a rarer Mensch und an aufrichtiger Freund. Aber hiazt hab i mi warm g'redt und b' Flasch'n is lar, kunnt nöt schad'n, wann no oani da war. — Wart', hab an extra guats Tröpferl, wo Neamd nixi nix woaß davon. I hol's, — ja, ja, i hol' 's. (Rasch erste Thüre rechts ab — die Thüre bleibt offen.)

Lenz. Das is doch der größte Haderlump, der mir in mein Leb'n unterkemma is.

Dritter Auftritt.

Jagl. Lenz.

Jagl (durch die offen gebliebene Thür hereinstolpernd, macht Gebärden, wie wenn er eine Fliege in der Luft fangen wollte). Fliag'n — verflixte Fliag'n, wart' nur — kriagt di schan, der Jagl. (Stolpert ohne jedoch zu fallen.)

Lenz (der aufgestanden ist). Was treibst denn da, Jagl?

Jagl (in der Luft umspähend). A Brummfliag'n — auskemma is j' 'n Jagl dö sakrische Brummfliag'n. (Hascht weiter.)

Lenz. Jagl, kimm her, i hab was z' red'n mit Dir.

Jagl (kommt heran).

Lenz. Hast Du noch den Bildlthaler, — woaßt eh', den g'wiss'n?

Jagl. He, he, he — eing'naht is er. (Eine Klappe seines Jankers fassend.) Da, da.

Lenz. I geb Dir zwoa Bildlthaler für den oan.

Jagl. He, he, he — laßt si' nöt anschmiarn, da Jagl.

Lenz. Derfst 's schan glaub'n, is mei Ernst.

Jagl. Na, na — hast eh' selb'n nix, he, he, he.

Lenz (zwei Bildlthaler auf die flache Hand legend). Da schau her.

Jagl (nimmt jedes Stück in die Hand, prüft es und legt es kopfschüttelnd wieder zurück). Richti, Stucker zwoa hat er!

Lenz. Na magst?

Jagl. He, he, he — derf nöt, da Jagl.

Lenz. Los auf, Jagl, i schenk' Dir dö zwoa Bildlthaler.

Jagl (freudig). Schenka thust mir 's?

Lenz. Wann's D' mir sagst, wer 'n Jager=Simmerl d'erschossen hat.

Jagl (traurig). Da Jagl hat an Bildlthaler kriagt, sagt nix, wenn 's Graz gilt. —

Lenz. Gib Dein' Bauern sein Höllgeld z'ruck, nachert derfst 's eh' sag'n.

Jagl. He, he, he, z'ruckgeb'n — gang denn dös?

Lenz. Ja, gib 'n z'ruck Dein' Bauern, 'n Frauen= bildler — verstehst? Heut no sollst 'n z'ruckgeb'n, nachert kriagst von mir dö zwoa is 's da recht?

Jagl. He, he, he, z'ruckgeb'n?

Lenz. Ja, z'ruckgeb'n — Und hiazt, b'hüat Di' Gott

3*

daweil. Morgen kriagst bö zwoa neuch'n Bildlthaler, kannst Dar 's wieder einnahn in Dein Janker. (Geht links ab.)

Jagl. He, he, he, (Kraut sich am Kopf.) Zwoa Bildthaler, neuche, glanzabi, he, he, he.

Vierter Auftritt.

Hinterberger (mit einer Weinflasche), Jagl.

Hinterberger. Wo is denn der Schreiber=Lenz?

Jagl. Außi ganga — da, da. (Zeigt auf die Thüre links.)

Hinterberger (ans Fenster links gehend, freudig). Lauft schan, kann 's nöt dawarten bis er mei Red' unter b' Leut bringt. (Sich die Hände reibend.) Seppl, bist halt do a Kreuz=köpfl. Der Bauer hat enk 's wieder amal abg'wunna, ös Sakra, der dumme Bauer, der gar nöt g'studirt is, der von an Jed'n ausg'lacht und g'hanserlt wird, der a paar Jahrl auf der Schulbank im Gymnasi abg'sessen hat. Kinnt 's enk hoamgeig'na lass'n, 'n Hinterberger=Seppl kriagst do nöt! — Und hiazt g'freut mi erst recht mei Leb'n! — Nimm mar a sauberes Weiberl! — Sakra, hiazt soll 's erst lusti werd'n af'n Lindenhof! — Aber b' Lenerl muß mar aus 'n Haus, dös that koa Guat nöt mit oana Stiefmutter, dö nimmt ön Einöder=Naz'n, wird a reiche Bäuerin — und der Franzl halt — der derf mir a nimmer lang b' Füaß unter mein' Tisch stecken — taugat mar nöt — muß mi umschau'n, daß i was find' für den Lakl, und nachend — nachend is der Hinterberger=Seppl a Freiherr, hat auf koan Mensch'n nix z' geb'n. (Kurze Pause, bemerkt Jagl.) No was stehst denn Du da, Du Tepp? Schau, daß D' weiter kimmst. (Hinterberger links ab.)

Jagl. Na ja, geh' Du selb'n weiter. Hast eh' heunt nu nixi thoan wia Wein trunka. Is nöt schwar dö Arbat, selb trifft da Jagl a. (Rechts ab.)

Fünfter Auftritt.

Toni mit Kehrbesen ꝛc.

Toni (singt).

  I bin a jung's Dirndl,
  Nöt reich und nöt fein,
  Do wiar i, so moan' i,
  „Zan minehma" sein.
  Mir is Neamand z'wider,
  Koa Arbat nöt z'schwar,
  I han a guats G'müath —
  Und verliabt bin i a.

  Und zwö soll i nöt liab'n,
  Wann ma 's Büaberl guat g'fallt,
  Fliag'n nöt a schen paarweis,
  D' kloan Vögerl ön Wald?
  Und kemman nöt z'samma
  So b' Gams as wia b' Reh?
  Und b' Haserln halt'n Hochzait
  Den Kraut und ön Klee.

Sechster Auftritt.

Leni (den Arm in der Schlinge, aus der zweiten Thüre rechts). Toni.

Leni. Gut'n Moring, Toni, bist halt allzeit gut aufg'legt.

Toni. War nöt schlecht in meine Jahren, wann i schan zum Ranz'n anfanga sollt!

Leni. Is bei mir bös Nämli. (Geht links ans Fenster.)

Toni. Thut Dir b' Hand nu alleweil weh?

Leni. Gar nöt a Bißl.

Toni. Weil's D' nu einbund'n bist.

Leni. Is nur, daß i 'n Eckhofer sein' Willen thua, weil er g'sagt hat, i sollt bö Fetz'ln lieg'n lassen, bis er selber kimmt.

Toni. I that's wegschmeiß'n, wann i an Deiner Stell' war. Schaust aus, wiar an alter Invalid.

Leni. Kunnt 'n Eckhofer nöt recht sein, is so viel liab und guat g'wöst mit mir.

Toni. Also nur eahm z' liab — bös is brav von Dir. (Singt.)

> Ja, b' Liab is a Bleamerl,
> Dös blüaht über b' Nacht,
> Ma hat nur a „Ja" z' sag'n,
> Steht's da in der Pracht.
> Do bringt an a Liab a
> Oft bitterne Zeit'n,
> Wenn 's Vater und Muader
> Und b' Moahmern nöt leid'n.

Leni. Geh, mußt mi nöt frotzeln.

Toni. Was stehst denn da in oan fort beim Fenster? Wann i nöt Obacht gäbet und fahret Dir mit mein' Besen über b' Füaß, aft kriagst koan Mann.

Leni (lachend). Bist a recht a boshaftes Ding über=anand.

Toni. Und alleweil schaust nur links übri. Wart i bring Dir a Schammerl her, wenn Du höher stehst, aft siehst 'n Eckhof.

Leni. No jo, so bring halt 's Schammerl.

Siebenter Auftritt.

Hinterberger von links. Die Vorigen.

Hinterberger. Schon fleißi, Tonerl?

Toni. Will nur 'n Mist außirama, den b' Bauern heut Nacht da lass'n hab'n.

Hinterberger. Hast eh' schan alles fein sauber z'sammkehrt. Bist halt a fleißige Dirn, alleweil flink ban Zeug.

Toni. Vergeht deant Zeit und schmeckt's Essen.

Hinterberger. Und is g'sund a, macht, daß bö schön' Dirn' rothe Wangerln hab'n.

Toni. Is a recht, aft braucht's da Bua nöt erst eini= zwicka, daß a Farb krieg'n.

Hinterberger. No, selb' hätt's bei Dir schan gar nöt not. Aber hiazt, weils D' grab firti bist, i hätt' mit 'n Lenerl was z' red'n.

Toni (Besen und Spritzkanne nehmend). I geh' schon, Bauer. (Rechts ab.)

Leni. Thust ja gar schön mit der Toni, Vater, bist heut guat aufg'legt.

Hinterberger. Hast recht, is ma lang nöt so g'ring g'west da unterm Brustfleck. Na, daß i sag, wie steht's denn mit Deiner Hand? Thut's Dir no alleweil weh?

Leni. Sakrisch weh thut's, Vada, hab d' ganze Nacht nöt schlaf'n kinna vor lauter Schmerz'n.

Hinterberger. Wer'n halt do müß'n um 'n Vader schick'n.

Leni. A belei! — Der Eckhofer versteht's schan, wird eh' bald wieder kemma ins Nachschau'n.

Hinterberger. Brauch 'n nöt, hab eahm schan Post g'schickt, daß er dahoam bleib'n soll, der —

Leni. Dös hätt'st nöt thuan soll'n, Vada, er verlangt ja nixi für sein' Müh, er thut 's ja aus Freundschaft.

Hinterberger. Brauch sein' Freundschaft nöt! — Braucht a nix g'schenkt's, der Lindenhofer; hat's Gott sei Dank und kann 's zahlen.

Leni. Aber 's is ja nur a Gutheit vom Eckhofer.

Hinterberger. Dö Gutheit paßt mir nöt. Mag 'n nöt in mein' Haus, hab' mei' Ursach dafür. Oder is Dir leicht was d'ran g'leg'n, daß der Herrnbauer in's Haus kimmt?

Leni (gezwungen lachend). Der Vada is aber g'spoaßig. Was kunnt denn mir d'ran g'leg'n sein?

Hinterberger. Is eh' recht, bist a g'scheit's Dirndl. (Streichelt sie.) Und a folgsam's Dirndl bist a allzeit g'wöst.

Leni. Hätt's öbba nöt sein soll'n?

Hinterberger. War nöt schlecht. I will hoff'n, daß 's weiter a so sein Verbleib'n hat, gelt Lenerl?

Leni. Mir scheint, da Vada hat was im Sinn. — Ruck' der Vada nur außa, daß ma glei woaß, was 's is.

Hinterberger. Was Du für a g'scheidt's Köpferl hast, daß D' glei mörkst, i hab' a Anlieg'n. Is was Rechts, Lenerl, derfst mer's glaub'n.

Leni. War ma liab, wann's richti so war, aber weil der Vada so lang umabrodelt, kunnt's ma leicht koa große Freud nöt macha.

Hinterberger. Von mir aus is völli so g'moant, daß Di' g'freuen soll, wird nur af Di' ankemma, ob's D' 's richtige Einseh'n hast.

Leni. Na, so probiers der Vada halt.

Hinterberger. Bist schon in die Jahr, wo b' kunnt'st a richtige Bäuerin abgeb'n. Sollst heirat'n, af a groß'n Bauernhof sollst heirat'n — b' Lenerl soll a Großbäuerin werd'n.

Leni. Mi druckt's Ledisein no gar nöt, mi g'freut just mei lediger Stand und auf die paar Fahndl'n, was i zan Anzieh'n brauch und auf das Bißl Eff'n wird 's doch ön Lindenhofbauern nöt ankumma.

Hinterberger. Wohl, wohl, dös g'wiß nöt, aber 's trifft sich halt nöt leicht a solchene Versorgung, wie der Einöderhof, 's is der schönste Hof auf zehn Stund'.

Leni (erregt). Was? — 'n Einöder=Naz soll i nehma? Dös kann doch 'n Vadern sein Ernst nöt sein!

Hinterberger. Warum benn nöt, Du dummes Ding? der Einöderhof —

Leni (einfallend) Is der schönst' Hof zehn Stunden im Umkroas. Aber mit 'n Einödhof kann mi der Pfarrer nöt copaliren und mit 'n Einöder-Nazl laß mi i nöt copaliren.

Achter Auftritt.

Jagl (von außen am offenen Fenster der Mittelwand, ohne von den Anderen bemerkt zu werden.) Die Vorigen.

Hinterberger (aufbrausend). Was? Du laßt Di' nöt copaliren? Da hab i a a Wartl b'rein z' red'n.

Leni. Dös kannst nöt von mir verlanga, dös nöt! Eh' i den Hasenschrecker heirat', liaber spring' i in's Wasser.

Hinterberger. Toifl! In's Wasser springa, statt 'n Vater sein' Willen thuan! Auf dö Weis' willst Dir 's vierte Gebot ausleg'n, Du ung'rathene Dirn? Aber gib Acht, i will Dir schan Deine Muck'n austreib'n! Einspirr'n wer' i Di', bist D' marb wirst wiar a Brösltoag!

Leni. Magst mach'n, was D' willst mit mir, Vater, aber dös derfst Dir nöt einbild'n, daß i an Mann heirat, der nöt so is, wiar i mir an Mann denk', und wenn 's D' eahm a von dö Fuaßzechen bis zum Nasenspitzl vergolden laßest.

Hinterberger (erregt). Leni! (Sich sammelnd.) I frag' Di' zan letzten Mal in der Güat. Willst 'n Einöder-Nazl heirat'n oder nöt?

Leni. Vater, wann 's D' mi nur a wengerl gern hast, verlang 's nöt von mir. Alles will i thun, was Du von mir begehrst, arbeiten will i mei Lebtag wia da letzte Dienstbot im Haus und an nix denk'n, nix begehr'n für mi, nur mußt mi nöt zwinga an Mann z' nehma, mit dem i leb'n muß und den i nöt mag. Dös is 's Aergste, was i mir denk'n kann!

Hinterberger. Schau, schau, dös hört sich ja g'rad' so an, wie wann's D' schan an andern im Sinn hättst?

Leni (schweigt, Pause).

Hinterberger. Na, so red, red! — Wer war denn der, denn 's gern möchst?

Leni (schweigt, Pause.)

Hinterberger. Wird do koa Prinz sein oder sonst Daner, dem der Lindenhofbauer nöt nachi kunnt — I hab' grab kon verhärtet's G'müath nöt und wann's nöt Daner is, daß 's für 'n Lindenhofer a Schand war, daß er eahm sein' Tochter gabet, und wann's just nöt a Großbauer is, so will i mein Stolz z'ruckthoan und oa Aug' zudrucka, wenn 's Dein Glück ausmacht.

Leni. I wüßt Dan, der just nöt z' hoch war für mi, und der 'n Vadern a recht sein derft, aber i woaß ja no gar nöt, ob er mi möcht.

Hinterberger. Und wer is denn derselbige?

Leni (leise). Der Eckhofer.

Hinterberger (auffahrend). Der! — Wann's a Knecht war von mei' Hof, so saget i ja, aber der Herrnbauer — da fallt eher der Himmel af b' Erd, und aft sag i erst recht: I leid's nöt!

Leni. 's is a nu nöt so weit, Vaba. I hab 'n gern, bös is wahr, aber er woaß nix davon und i wiar eahm nix davon sag'n, eher will i ma d' Zung abbeiß'n. Und wann er 's wußt und wenn er mi möcht und Du verlaubst 's nöt, so bleibt's bei Dein' Na, aber an Andern, den nehm i nöt und mag g'scheh'n was da will.

Hinterberger. Den Einöder-Naz nimmst und damit Punktum!

Leni. Und wann's D' mi glei da niederschlagest — ön Einöder-Naz nimm i nöt!

Hinterberger (wüthend). Leni! (Drückt sie mit der Linken nieder und holt mit der Rechten zu einem Schlage aus.)

Jagl (schwingt sich im selben Moment über die Fensterbrüstung, stürzt auf Hinterberger zu, faßt dessen erhobenen Arm und schleudert Hinterberger zurück). Nöt hau'n, Bauer, 's Lenerl derfst nöt hau'n!

Hinterberger (schreit). Aus 'n Weg, Du Tepp!! (Will sich auf Leni stürzen).

Jagl (erregt). Der Jagl leid't's nöt! (Hält Hinterbergers Arm fest.) Hörst Bauer — der Jagl leid't's nöt, daß 's Lenerl g'haut wird!

Hinterberger (mit ihm ringend). Auslaff'n!

Jagl (läßt die Arme los und faßt ihn mit beiden Händen am Halse). Der Jagl leid't's nöt!

Leni (herbeieilend und Jagls Hände fassend). Jagl, um Christi Himmels willen, laß los!

Jagl (läßt die Arme sinken). Weil er Di' hat hau'n woll'n.

Leni (bricht schluchzend in die Knie).

Jagl. Na, nöt woana, Lenerl. (Fährt ihr mit dem Aermel über die Augen.) Nöt woana.

Leni (streng). Geh' außi, Jagl!

Jagl (langsam abgehend). Nöt hau'n, Bauer, der Jagl paßt auf, nöt hau'n! (Rechts ab.)

Hinterberger. Ausg'red't is. Hiazt gehst in Dein Kammerl und legst Dein Sonntagsg'wandl an. Der Einöder und der Naz sein bald da.

Leni. Wenn's Dein Will' is, Baba, so geh'n i in mei Kammer und leg's Sonntagsg'wand an, aber g'sagt is g'sagt. Du kannst mi heiß'n in die Kirch'n gehn mit'n Bräutigam, wird g'scheh'n; aber nöt kannst mi heiß'n, „ja" sag'n, wo's Herz „na" sagt. Und wenn der Pfarrer mich vor'm heiligen Altar fragt, ob i 'n Einöder-Naz als sei' Weib ang'hören will, so sag' i so laut, daß 's der Hinterste in der Kirche hört: „Na!" (Zweite Thüre rechts ab.)

Hinterberger. Sternkreuzsakra! „Ja" wirst sag'n und müßt' i Dir glei bös Wartl aus 'n Maul aufsareiß'n.

Neunter Auftritt.

Einöder mit Naz von links. Hinterberger.

Einöder. Was schreist denn so sakrisch, is ja Neamd da? Grüß Gott!

Hinterberger. Grüß enk Gott, alle Zwoa! — Hab' g'rad mit an Knecht an Verdruß g'habt. Is koa Verlaß mehr auf dö Leut, hab'n alleweil nur b' Menscha im Kopf.

Einöder. Wird alleweil schlimmer. Den unsern Aufwachs'n is 's nu ganz anders g'west.

Hinterberger. Setzt 's enk, meine liab'n Leut — nöt dorten auf b' Bank, daba zan Tisch setzt's enk her.

Einöder und Naz (sich an den Tisch setzend). Mit Verlaub.

Hinterberger. A Wein is da für enk, a guats Tröpferl, an solchenen kriegt's ös nöt leicht wo zan kosten. (Schenkt in die zwei dastehenden Gläser.)

Einöder. Na und Du Lindenhofer? Willst uns nöt B'scheid thun?

Hinterberger. Hab heunt schan so viel Gall schluck'n müß'n, daß mir's bis ins Maul aufikimmt. (Geht an den Schrank und holt ein Glas.) Aber enk z' Lieb mag i schan mithalt'n. (Schenkt sich ein.)

Einöder. Sollst leb'n, Lindenhofer!

Hinterberger. Müßt's recht früh aufg'standen sein, daß 's schan da seid's.

Naz. Freili wohl, is mir schwer g'nug ankemma, 's Aufsteh'n. Der Vada hat mi nöt amal ordentli ausranz'n lass'n, hat's gar so trabi g'habt.

Einöder (stößt ihn mit dem Ellbogen).

Naz. No, han i leicht wieder was Dumm's daherg'red't?

Einöder. Mußt nöt d'raufschau'n, Lindenhofer. Kimmt so wenig unter b'Leut, der Bua, und von dö Knecht am Hof is nix G'scheidt's z' lerna. Fehlt eahm sonst nix wiar a g'scheidt's Weiberl, dös eahm a Bißl an Schliff beibringt. Dumm is er nöt, na, g'wiß nöt.

Naz. Is nur so a balkete Red von bö Leut, daß i bumm war. Der Vada glaubt's nöt und i schan gar nöt.

Hinterberger. Was Dir an der G'scheidtheit abgeht, das hast im Sack. Jeder kanns nöt da (auf den Kopf) und da (auf den Sack) zugleich hab'n und wer's da hat, (auf den Sack zeigend) der is do alleweil der G'scheidtere.

Einöder. Is a Red, Lindenhofer. Du bist halt Daner, der 's da und da zugleich hat.

Hinterberger. Just nöt mehr, wie's a Bauer für's Haus braucht. Alsdann, daß mir von der Hauptsach red'n, Du übergibst Dein' Bub'n den Hof und die ganze Wirthschaft.

Einöder. Was ma gestern ausg'macht hab'n, dabei bleibts, wann's da recht is.

Hinterberger (ihm die Hand hinhaltend). Gilt schon!

Einöder (einschlagend). Is a Wort. (Zu Naz). So jetzt thust Dein Herrn Schwiegervater schen d' Hand geb'n.

Naz. Möcht' scho' lieber 'n Lenerl a Busserl geb'n. (Gibt Hinterberger die Hand.) I bedank mi recht schön, Lindenhofer. Ju, ju! Hiazt krieg i a Weiberl!

Einöder. Wo is denn Dein Dirndl, daß sa si' gar nöt anschau'n laßt?

Hinterberger. Dö Weiberleut hab'n alleweil lang umz'bandeln, wenn's eahner schön mach'n woll'n; und d' Lenerl möcht heut ganz b'sunder's schön auschau'n, da wird's no a guat's Eichtl braucha, bis 's firti is.

Einöder. Wann's Da recht war, Lindenhofer, so that's mi interessiren, mi a wengerl in Deiner Wirthschaft umz'schaun, derweil wird si' d' Leni do g'striegelt und aufputzt hab'n.

Hinterberger. Is recht. Hab' Dir grad dasselbige sag'n woll'n. Kommts, Leutl, gehn mar. (Ab mit Einöder.)

Zehnter Auftritt.

Jagl (der während der vorhergehenden Scene ab und zu außen vorbeigestrichen und gelegentlich vom Mittelfenster ins Zimmer geschaut hat, drückt sich, während die beiden Bauern abgehen, unbemerkt zur Thüre herein und hält Naz zurück.)

Jagl (geheimnißvoll). Du, Nazl.

Naz. Was hast denn, Jagl?

Jagl. Los, Nazl.

Naz. J los ja eh'.

Jagl. Hat Dir was z' sag'n — der Jagl.

Naz. A geh. —

Jagl. Hat was für Di', der Jagl.

Naz. Was denn?

Jagl. Was extrig's.

Naz. No was denn?

Jagl. A greans Fabl*) — ja. —

Naz. A lebendig's?

Jagl. A lebendigs — ja. —

Naz. Aber geh! A grean's Fabl, kann denn dös do sein?

Jagl. He, he, he. Kann scho sein. Geh' übri, zagt Dar's schan — der Jagl.

Naz. A greans Fabl han i no nia g'seg'n, dös muaß aber g'spoaßi ausschau'n.

Jagl. He, he, he. Schau's an, jo, jo. (Rechts ab mit Naz.)

Elfter Auftritt.

Leni (aus der zweiten Thüre rechts, dann) Jagl.

Leni (vorerst nur ein wenig öffnend und hereinschauend). Sand's schon fort? (tritt ein.) Wieder a kloaner Aufschub, Gott sei Dank! J bin koan Menschen nöt feind, und der arme Hascher, den sein dumm's G'sicht eh' an Jed's lachert macht, kann ma nur dabarma; aber hass'n kunnt i 'n alten Einöder, der moant, daß er für sein Geld g'rad alles hab'n kann, und daß jede Dirn, die eahm paßt, sich's zur Ehr anrechna muaß, 's Weib von sein balkat'n Buam z' werd'n! Und daß mein Vater grad an solchen Gusto hat, dös is traurig für mi, aber wenn er kein' besseres Einsehen kriagt, so is 's traurig a für eahm.

---

*) Ferkel.

Jagl (zurückkommend). Eing'spirrt is er — he, he, he.

Leni. Wer is eing'spirrt?

Jagl. Na, der Einöder-Naz, he, he, he,

Leni. Du hast 'n eing'spirrt?

Jagl. Ja.

Leni. Aber warum?

Jagl. He, he, he. Daß er Di' nöt nimmt, he, he, he.

Leni (ängstlich). Wo hast 'n denn eing'spirrt?

Jagl. Dös sagt er nöt, der Jagl, he, he, he.

Leni. Jagl, Du mußt sag'n wo er is.

Jagl. Na, dös sagt er nöt, der Jagl.

Leni (schmeichelnd). Jagl, sei g'scheidt, sag's.

Jagl. Sagt nix, der Jagl, sagt nix, — wenn er aufsakimmt, nimmt er 's Lenerl, dös leid't er nöt, der Jagl.

Leni. Mein Gott, wird dös wieder an Spektakel geb'n. I muß nur schau'n, daß i 's wieder af Gleich bring! (Rechts ab.)

Jagl (lacht unbändig). Im Saustall is er — der Naz — im Saustall — der wird si' gift'n! (Links ab.)

Zwölfter Auftritt.

Franz und Toni von rechts, erste Thüre.

Toni. Aber Franzl, sei g'scheidt, 's is ja nix Versoamt's dabei, wann 's D' Dir Zeit laßt, bis Dei Vada selb'n anhebt.

Franz. Na, na, mir gibt's koa Ruah' mehr, in mir siab't alles, i halt's nöt aus.

Toni. Aber grab hiazt, wo der Einöder da is mit sein' Buam —

Franz. Grab hiazt, geht schan in oan Aufwasch'n.

Toni. Aber 's wird fi' halt do nöt recht schicka; Dei Vada kunnt leicht glaub'n, i kann 's nöt d'rwart'n.

Franz. Hätt' g'wiß nöt von selb'n ang'fanga, der Voda, wann's ihm ebba z'wider war?

Toni. Na, z'wider is 's eahm nöt, hat mir grab vor oaner Weil wieder recht schön than.

Franz. Dös is g'scheidt, hiazt bin i erst g'wiß, daß i recht hab! Koa Miuut'n länger wird g'wart! Wiar i 'n Vatern darwisch, glei' leg' i los.

Duett.

Er.

He, Vader, muaßt ma 's Dirndl geb'n,
I hab's zan Fress'n gern!

Sie.

I führ mit eahm an ordlings Leb'n,
Recht glückli müaß'n ma wern.

Er.

Geh, Vader, mach koa Schpanpanab,
Gib willi' her Dein' Seg'n!

Sie.

Mir san ja früher do nöt stad,
Halt weil ma uns so mög'n.

Beide.

Ja, nimma wer'n ma z' singa müad,
Kriagst ehnda gar koa Ruah,

Er.

Bis 's Dirndl nöt mei Weiberl wird,

Sie.

Mein Mann nöt is da Bua. (Beide ab.)

Dreizehnter Auftritt.

Einöder, erregt. (Naz mit beschmutztem Anzug) und Hinterberger von rechts.

Einöder. Söll muß i sag'n, a sulchene Freundschäftlichkeit hätt i mir bei enk nöt verhofft, na, g'wiß nöt!

Hinterberger (begütigend). Aber Einöder —

Einöder (einfallend). Mein Bub'n in Saustall einspirrn! Mein Nazl! Dös is an abkartelte Sach von Dir, a Bosheit! A Schlechtigkeit!

Hinterberger. Aber i bin ja nöt schuld b'ran — der Tepp, der Jagl — na, der soll si' g'freun!

Einöder. Der Jagl hat's than und an Anderer hat's ang'schafft.

Hinterberger. Einöder, a Jurament kann i Dir brauf ableg'n, daß i ganz unschuldi bin, so unschuldi', wiar a neugeborens Kind.

Einöder. Dös wirst mir nöt einred'n, daß D' uu= schuldig bist. Weil mei Bua a guater Ding is, und weils D' leicht Dei Dirn für zu g'scheidt haltst für so an guat'n Lapp'n, wie mei Nazl, hast Dir Dein G'spött aus eahm mach'n woll'n, Du hochmüthiger Narr Du, und aus mir a.

Hinterberger. Aber Einöder, wannst so was von mir glauben könntst, so warst Du selb'n nöt g'scheidt. Hab i Dir nöt d' Hand brauf geb'n, daß alles zwischen uns aus= g'macht is? Und ön Hinterberger sein Handschlag is mehr werth, als a gstempelte G'schrift.

Einöder. Dö Moanung hab i Anfangs a von Dir g'habt, aber der Saustall, der will mir halt nöt aus 'n Kopf.

Hinterberger. Schau, Bruder, wann mei Willen da= bei g'wesen war, daß Dein Bua eing'spirrt wurd', mei Lenerl hätt 'n nachert nöt allwärts g'sucht, bis s'n g'fund'n hat.

Einöder (besänftigt). Ja, d' Lenerl hatt'n aussa lass'n, dös is schan wahr.

Hinterberger. Na', siagst, i hab ja g'wußt, daß Du g'scheidt wirst. (Ihm die Hand reichend.) San ma wieder gut mitanand.

Einöder (einschlagend). Na, meint'sweg'n, wenns D' unschuldi' bist.

Hinterberger. Und was zwischen uns ausg'macht is —

Einöder. Bleibt ausg'macht.

4

Naz. Na, i mag nöt, Vaba.

Einöder. Was sagst?

Hinterberger (gleichzeitig). Du magst nöt?

Naz. Geh'n ma hoam, Vaba.

Einöder (erregt). Was hast benn, dummer Bua?

Naz. I mag b' Leni nöt.

Einöder. Und zwö benn nöt?

Naz (weinerlich). Weil sie mi a nöt mag.

Hinterberger (erregt). Wer hat bös g'sagt?

Naz. Sie selm.*)

Hinterberger. Wem benn?

Naz. Mir.

Hinterberger. Was hat's Dir g'sagt?

Naz. Daß i a dummer Lapp bin, hat's g'sagt, und daß i mir sollt's Heirat'n vergeh'n lass'n, hat's g'sagt, und daß 's mi nöt mag, hat's g'sagt.

Einöder (mit verhaltener Wuth). Und was hast benn Du g'sagt?

Naz. Is a recht, han i g'sagt.

Einöder (auf ben Tisch schlagend). Des seib's mir bo a ganz a infame niederträchtige Bagaschi, Du und Dei' Dirn! Laug'ns hiazt, daß dö ganze G'schicht abkartlt war, daß ös mein Bub'n habt 's in Saustall einspirrn lassen! Aber ös kennt's 'n Einöder no nöt, der überall nur weg'n sei Gutheit bekannt is, wia 's frumm Lamperl! Wenn mi amol wer schiach macht, nachert is 's schon der Müh werth, nachert druck i eahm z'samm', wiar an brat'nen Apfel, daß nix mehr wie b' dünn Schälarn überbleib'n. Und Du, Lindenhofer, nimm Di' in Acht vor mir! Di' zerdruck i, daß D' Dein Lebtag denkst an 'n Einödbauer! — — Kumm Nazl! (Faßt ihn bei der Hand.)

Naz (weinerlich). Is bo Schab, daß mi 's Lenerl nöt mag. (Beibe rechts ab.)

Hinterberger. Sternkreuzsakra! Den Tag wiar i mir aufschreib'n! Schab is just nöt um ben Schwiegersohn.

---

*) selbst.

Um den Tepp'n würd' mi koa Mensch nöt beneidt hab'n, und wanns sein muaß, find i schan an Andernen a, der 's Dirndl nimmt. Bloß der alte Einöder is z' fürcht'n, weil er heib'n= mäßi' viel Geld hat. Aber den Jagl muß i mir z' leich'n*) nehma! Der hat mir den ganz'n Verdruß einbrockt mit dem Saustall. Lach'n hätt i mög'n, so an Einfall! Is a g'fähr= licher Ding, der Tepp, hätt' mi d'rwürgen könna. Wird doch's G'scheidtere sein, i fang nix an mit eahm und laß 'n laufen.

Vierzehnter Auftritt.

Franz, Toni, Hinterberger.

Franz. Da wär'n ma halt, Vaba und kämen, Di recht schön bitt'n, weil's D' gestern selbst zan Tonerl davon g'redt hast, ob's will b' Lindenhofbäuerin wer'n, daß D' uns zwoa a Paar werd'n laßt.

Hinterberger (verbutzt). Wa—was?

Franz. Na ja, i red' nur dasselbige, was Du selb'n g'redt hast, wie mir's Tonerl verzählt hat.

Toni. Und weils D' ma's schon amal versproch'n hast, Bauer —

Hinterberger (gesammelt). Schau, schau! Also b' Lin= denhofbäuerin möchst werd'n, Toni, und dem da sein Weib?

Toni. Wann's der Bauer verlaubt, i möcht schan.

Hinterberger. A geh', kam Dir recht, aus oaner armen Hausdirn a reiche Bäuerin z'werden, nöt?

Toni. War g'rad nöt 's erste Mal, wo so was vor= kemma is.

Hinterberger. Na, draus wird nix!

Toni. Was sagst, Bauer?

Franz. Selb is ja nöt Dein Ernst, Vaba, wirst doch Dein Wort nöt z'ruck nehma woll'n?

Hinterberger. Is mir a gar nöt Ernst g'west, hab' nur ausforsch'n woll'n, wie weit ös zwoa seid's mitanand.

---

*) leihen.

Toni. Na, so a Red!

Franz. Hiazt, Vada, weils' D' siehst, wie 's steht mit uns zwoa, bitt i Di nu amol recht schön, verderb mir mei Freud nöt mit 'n Tonerl.

Hinterberger. Bist leicht a Narr? Moanst, der Lindenhofbauer wird in's Ausnahmsstübel geh'n und zuschau'n, wie a herg'laufene Dirn, was nix is und nix hat, sich eini=setzt ins warme Nest, an dem i a dreißgi Jahr z'sammtrag'n und baut hab?

Toni. Bauer, koa herg'laufene Dirn bin i nöt!

Hinterberger. Freili, a Prinzessin bist.

Toni. J bin ehrlicher Leut ihr Kind, dös is koa Schand nöt!

Franz. Vater, verschimpfiern laß i mei Dirndl nöt, dös muaß i mir ausbitt'n!

Hinterberger. Du hast da gar nix z' red'n! Du bist stad! Und Du, Toni, packst Deine sieben Zwetschgen z'samm und schaust, daß D' mir aus 'n Hof aussikimmst — da is Dein Lohn und aus is 's. (Gibt ihr Geld.)

Toni. Mein Lohn nehm i, weil i 'n verdient hab. (Nimmt das Geld.) Und jetzt, i dank Dir recht schön, Bauer, für 'n Deanst,*) b'hüt' Gott, Bauer! (Will gehen.)

Franz. Du derfst nöt geh'n, Toni!

Hinterberger. Da af 'n Lindenhof gibt's nur Oan, der so red'n derf, und der bin i! Toni, Du gehst! (Toni will gehen.)

Franz. Nur an Eichtl, Toni, i hab nur a paar Wartl z' red'n. Vater, wenn b' Toni fort muß, aft geht's nöt alloan — i geh' mit.

Hinterberger. Du wirst bleib'n, sag' i!

Franz. 's thät ja koa Guat nöt mit uns zwoa, da am Lindenhof. Besser is, Du verlaubst 's im Guten, daß i geh, weil i nöt dableib'n kann, weil's mi da nöt leid'n wird ohne mein Dirndl, und weil i zu ihr g'hör, wie sie zu mir, magst dageg'n hab'n was D' willst. Dös gibt's nöt, daß an ehrlicher Bua sein Dirndl fortgeh'n laßt, weil's koan Sack mit Thaler mitz'nehma hat. Und wenn wir zwoa a nixi

---

*) Dienst.

mitnehmen von da, was zan Versilbern war, so is do b' Liab in mein Herz'n drin a Schatz, den i nöt hergebat für Dein Lindenhof und nöt für b' ganze Welt. So steht's halt mit mir, und drum bleib i nöt, und wann's D' mi glei da mit Kett'n anschmied'n thatst. Das is mei letzt's Wort, Vater, und hiazt b'hüt Gott! (Ab mit Toni.)

Hinterberger. Geh' zu! — An Sohn, der ön Mensch z' Liab sein Vatern aufgibt, is nöt werth, daß der Vater nach eahm fragt.

Fünfzehnter Auftritt.

Jagl, der schon in der Mitte der vorigen Scene unbemerkt hereingeschlichen, Hinterberger.

Jagl. He, he, he.

Hinterberger. Bist Du schon wieder da?

Jagl. Ja, he, he, he.

Hinterberger. Hast leicht wiederum aufpaßt?

Jagl. Ja, he, he, he.

Hinterberger. Is Dir's ebba nöt recht, daß der Franzl geht?

Jagl. Na.

Hinterberger. Mögst dem a helf'n?

Jagl. Ja.

Hinterberger. Wen wirst denn hiazt in Saustall einspirrn?

Jagl. Di — he, he, he. (Rasch rechts ab.)

Hinterberger. Der Tag g'fallt mir, selb muß i schan sag'n. Wanns so weiter fortgang in bera Dick'n bis zan Abend, kunnt a guate Nacht werd'n.

Sechzehnter Auftritt.

Schreiber-Lenz von links, Hinterberger.

Lenz. Was hast denn, Lindenhofer, schaust ja ganz fuchti aus.

Hinterberger. Geht's Di leicht was an?

Lenz. Gott sei Dank, na.

Hinterberger. Wirst bo nöt wieder herkemma sein, nur daß D' mi anschaust?

Lenz. War nöt der Müh werth. Der Einöder schickt mi her, soll'n Heirathskontrakt aufschreib'n.

Hinterberger. Hörst, Schreiber-Lenz, frozeln laß i mi nöt, und wenn's a Gspoaß sein soll, so bin i heunt nöt aufg'legt.

Lenz. Is a recht, so reb'n ma von was andern.

Hinterberger. Wußt nöt, von was mir zwoa mitanand no z' reb'n hätt'n.

Lenz. Von Deiner Erbschaft. Hast ja gar nixi g'sagt davon, daß D' geerbt hast vom Ferdl.

Hinterberger (betroffen). Nix g'sagt han i? (Bei Seite) War er leicht wirkli g'storb'n, der Ferdl? (Gesammelt) Is nöt nothwendi, daß ma 'n Leuten all's auf b' Nas'n bind't; und daß i g'erbt hätt, davon woaß i bis dato selb'n nix.

Lenz. Wirst 's schon erfahr'n.

Hinterberger (lauernd). War bo neugierig, von wem i 's d'erfahren sollt.

Lenz. I kann Dir's schan verrathen — vom Eckhofer.

Hinterberger (erregt). Schreiber-Lenz, hiazt wird mir der G'spoaß z' dumm. Den Kund'n kenn i schan, nnd was der von mir möcht, das woaß i — und Du leicht a.

Lenz. Hörst, Seppl, für so g'scheidt hätt i Di bo nöt g'halt'n. Bist a Teufelskerl!

Hinterberger. Und hiazt is 's aus, daß D' as woaßt. I kenn mi aus, i woaß, wer ös seib's. Des zwoa seib's mir nöt übri, Du und Dei Freunderl, der Defectiv.

Lenz (lacht, daß er sich die Seiten halten muß). De—Def——Defectiv. — (lacht wieder.)

Hinterberger (etwas gemäßigter). Na, was lachst benn wia a Verrukter?

Lenz. Weil mir so a g'spoaßige Dummheit scho lang

nöt vorkemma is. Daß der Kreuzer-Lipp 's Pulver nöt b'erfunden hat, dös is g'wiß; daß Du Dich aber von seiner Dummheit anstecken laßt und etwas, was ihm in seiner Boshaftigkeit nur grad so in Sinn kemma is, glei für a ausg'machte Wahrheit nehma wirst, schau, Lindenhofer, das hätt i Dir do nöt zutraut.

Hinterberger. War denn so was nöt mögli?

Lenz. Du, wenn die Verbrecher bei uns so theuer wurden, daß jeder Detektiv für an Spitzbuben, den er ausforschen wollt, sich gleich Hof und Haus kaufen könnt, wie viel müßt denn erst ein ehrlicher Kerl werth sein?

Hinterberger (nachdenklich). Kannst leicht do Recht hab'n.

Lenz. Moanst? Na, 's g'freut mi, daß D' dös einsiehst. —

Hinterberger. Und dem Herrnbauer, dem Eckhofer, will i sag'n, is was bekannt von dera Erbschaft? — Nachent müßt er ja 'n Ferdl kennt hab'n?

Lenz. Und ob er ihn kennt hat!

Hinterberger. Wann i mir die Sach überdenk — mögli war's halt do, daß mir der Ferdl kunnt was hinterlaß'n hab'n. Na ja, 's brüaderliche G'fühl is halt alleweil vorhanden, wenn glei 's Mir (Meer) zwischen liegt. Hab's freili nöt nöthi, Gott sei's Dank, daß mir wer was schenka that, aber g'freu'n that's mi halt do von eahm — zweg'n dem brüaderlichen G'fühl. Will halt do zan Eckhofer übrischau'n — werd' nur an andern Janker anleg'n. Gehst mit, Lenzl? Wart nur an Eichtl, glei bin i wieder da. — Ja, ja, 's brüaderliche G'fühl halt — (Rechts ab.)

Lenz. Is schon was werth, (copierend.) 's brüaderliche G'fühl, b'sonders ein solch's, wie Du's hast.

Siebzehnter Auftritt.

Hofer, von links, rasiert bis auf den Schnurrbart, in landesüblichen Anzug. Lenz dann Jagl.

Hofer. Da bin ich also. Ist er daheim?

Lenz. Er wirft sich eben in seinen Sonntagsstaat, um Euch seine Aufwartung zu machen.

Hofer. Gut, doch verzeiht, ich möcht ihn gern allein sprechen.

Lenz. Ich verstehe. (Links ab.)

Jagl (von rechts, bleibt in der Thüröffnung wie erstarrt stehen, mit geöffnetem Mund starrt er Hofer eine Weile an, dann aufjubelnd.) Der Ferdl, der Ferdl! (Stürzt vor, umarmt Hofer und küßt ihn ab, immer mit vor Freudenthränen erstickter Stimme, dazwischen rufend) Der Ferdl!

Hofer (gerührt). Hast ihn gern, den Ferdl?

Jagl (noch immer zwischen Thränen und Jubel kämpfend). O mei! — Na freili! — Zan Freß'n!

Hofer (herzlich). Du guter Mensch!

Jagl (wie oben.) Hat was für Di' — der Jagl — schenkt Dir was — der Jagl, weil's D' kemma bist — weils D' wieder kemma bist — 'n Bildlthaler. (Während er dieses spricht, zerrt und reißt er an der Klappe seines Jankers, bis ein Riß entsteht und er den Thaler faßt.) Da is er — nimm, — derfst 'n g'halt'n — 'n Bildlthaler, weils D' kemma bist — Ferdl — o Du Ferdl!

Hofer. Du treue Seele, behalt ihn nur, Deinen Bildlthaler, hab selber einen ganzen Sack voll und, Du hast nur den einzigen — schau. (Greift in die Tasche und zeigt ihm eine ganze Hand voll Silberstücke.)

Jagl (die Hände zusammenschlagend). O Du mei! 'n ganzen Sack voll Bildlthaler! (Plötzlich wie von einem Gedanken erfaßt.) Wart, nöt fortgehn — is glei wieder ba, der Jagl. (Läuft an die geöffnete Thüre, ruft) Bauer, Bauer!

Hinterberger (von außen). Was haſt?

Jagl. Kimm! G'ſchwind kimm eina! Da Ferdl — da Ferdl — da Ferdl is da!

Achtzehnter Auftritt.

Hinterberger, die Vorigen.

Hinterberger (bleibt, wie er Hofer erblickt, erſtarrt in der Thüre ſtehen. — Pauſe.)

Hofer. Was ſtarrt Ihr mich ſo entſetzt an? Ich bin kein Geiſt — ich bin der Sohn Eures Bruders.

Hinterberger (aufathmend, zögernd). Der Sohn biſt von eahm?

Hofer. Und komme Euch zu fragen, wer den Jager=Simerl erſchoſſen hat.

Hinterberger. Was fragſt denn mi?

Hofer. Weil Ihr es wiſſen müßt! Antwortet mir, auf Euer Gewiſſen: Wer hat den Jager=Simerl erſchoſſen?

Hinterberger (langſam und mit Nachdruck.) I woaß nöt, wer's than hat.

Hofer. Ihr wißt es, Ohm, denn Ihr ſelber habt die That verübt.

Hinterberger (mit erhobener Stimme). Wer kann ſagen, daß i 's than hab?

Hofer. Ich ſag's — Ihr ſeid der Mörder!

Hinterberger. A Lug is 's! Koan Menſch kann ſo was ſag'n!

Hofer. Und ich, Eures Bruders Sohn, rufe Euch zu: Mörder! Mörder!

Hinterberger (außer ſich). Mörder — i? (Geſammelt.) Gut, beweis es. Will's drauf ankommen laſſ'n. Aber hiazt haſt nix mehr z' thun in mein Haus — fort!

Hofer. Das ist mein Haus, aus dem Ihr meinen Vater hinausgelogen, um das Ihr ihn betrogen habt.

Hinterberger (außer sich). A Mörder wär i, und g'logen und betrog'n hätt i — (stürzt sich auf Hofer) Fort, sag i, sonst ruaf i b' Knecht! (Sie ringen.)

Jagl (stürzt sich auf Hinterberger und reißt ihn zur Seite). Was? 'n Ferdl willst was anthoan? — Na, Bauer, dös leib't der Jagl nöt! Da — da hast Dein Bildlthaler wieder zruck! (Wirft ihm deu Thaler vor die Füße.) Und hiazt derf 's b'er Jagl sag'n, wer 'n Jager=Simerl d'rschoss'n hat — Du — Du hast's than, Bauer! Du!

Hinterberger (erschüttert, taumelt zurück, bricht zusammen und sinkt in den Lehnstuhl.

(Der Vorhang fällt rasch.)

Dritter Aufzug.

Tiefes Theater. Prospekt: Alpenlandschaft. Der Hintergrund wird in seiner ganzen Breite von einem Felsenplateau eingenommen, das seiner ganzen Höhe nach in der Mitte etwa zwei Meter breit auseinander getreten ist und eine steilwandige Schlucht bildet, die auf dem Plateau durch einen Steg mit Geländer überbrückt ist. Vor der Schlucht lagert ein Felsblock, hinter welchem man seitlich in die Schlucht gelangen kann. Von der Bühne aus führt ein praktikabler Steig zu dem Plateau. Oben neben dem Steg steht ein sogenanntes „Marterl". Rechts und links Wald, im Vordergrunde rechts eine einschichtige alte Fichte.

Erster Auftritt.

Schreiber=Lenz.

Lenz (kommt von links). Wenn der Teufel jetzt sein Spiel mit mir hätt, 's wär aus mit mir! — Dreißig Jahr hab ich g'wart und g'sucht und g'hofft, daß am End doch noch der Tag kimmt, der 'n Schreiber=Lenz rein wascht und ihm erlaubt, jedem ehrlichen Menschen frei ins G'sicht z' schaun, und auf oamol sollt si' der feige Lump aus der Welt aussag'stohl'n und in b' Ewigkeit einig'schlich'n hab'n! — Nöt mögli is 's! Daß da herunt koa irdische Gerechtigkeit nöt is, dös hab i b'erfahren, daß aber b' himmlische Gerechtigkeit a no an Narren aus mir machen soll, das wär z' hart! Na, na, der Kerl ist zu feig, daß er sich was anthät! — Versteckt wird er sich wo hab'n, der Hallodri, daß s' 'n nöt find'n, wenn's daher keman vom G'richt und den reichen protzigen Lindenhofbauern wegführ'n woll'n, wie's mi damals wegg'führt hab'n.

Zweiter Auftritt.

Jagl (von rechts), Lenz.

Jagl. Ui Jegerl! Da is er, da Lenz. Du Lenzl!

Lenz. Was haſt denn, Jagl?

Jagl. Kimm her, Lenz!

Lenz (kommt). Da bin i, was willſt?

Jagl (ihm die offene Hand hinhaltend).

Lenz. Na, was haltſt denn d' Hand auf?

Lagl. Zwoa — he, he, he.

Lenz. Was zwoa?

Jagl. Bildlthaler — he, he, he.

Lenz. Hat's nöt vergeſſen, der guate Mann (zu Jagl.) So? Für was den?

Jagl. Hat 'n ſchon zuruck, der Bauer.

Lenz. Was hat er zuruck?

Jagl. Na halt 'n Bildlthaler, he, he, he, hiazt kriagt er zwoa, der Jagl, he, he, he.

Lenz. Haſt Dei Sach guat g'macht, Jagl, ſollſt Deine zwoa Bildlthaler hab'n.

Jagl (freudig). Ui Jegerl!

Lenz (legt ihm zwei Silberſtücke auf die flache Hand).

Jagl (während Lenz das Geld hinlegt). Dans, — zwoa. (Nimmt dann jedes Stück in die andere Hand, beſieht und befühlt es, ſchließt dann die Hände und macht einen Luftſprung.) Hiazt, hiazt!

Lenz. Hiazt wirſt halt dö zwoa Bildlthaler in Dein' Janker einnah'n, gelt, Jagl?

Jagl. He, he, he — G'faihlt is 's!

Lenz. Oder was dafür kaufen?

Jagl. He, he, he — G'faihlt is!

Lenz. Na, was haſt denn vor mit dem Geld?

Jagl. He, he, he — Bist a Tepp — d'errathst's nöt, woaßt nix — he, he, he — sagt nix aus, da Jagl, he, he, he. (Im Abgehen.) Sagt nix aus. — (Rechts ab.)

Lenz. Bin doch neugierig, was der mit dem Geld vorhat, der arme Narr.

Dritter Auftritt.

Hofer, von links, Lenz.

Hofer. Grüß Gott, Schreiber=Lenz. Wo treibt Ihr Euch da herum?

Lenz. In Kirchberg war ich.

Hofer. In Geschäften?

Lenz. Ja, in Privatgeschäften, hab dort den Lindenhofer g'sucht.

Hofer. In Kirchberg?

Lenz. Warum nöt? Konnt' er sich nöt etwa dorthin verirrt haben?

Hofer. Ich versteh Euch nicht.

Lenz. Is doch 's Bezirksg'richt borten.

Hofer. Is das ein Grund?

Lenz. G'wiß. Ein Grund, der auf der Hand liegt. Konnt' er nöt, aufg'schreckt in sein G'wissen, wie er war, sich dem G'richt g'stellt hab'n?

Hofer. Ihr habt sonderbare Ideen, Schreiber=Lenz.

Lenz. Na, weit fehlg'schoss'n hab' i nöt.

Hofer (erschrocken). Er hat es gethan?

Lenz. Than hat er 's nöt, 's is nur beim guten Willen 'blieben.

Hofer. Ihr habt ihn gesehen? Gesprochen?

Lenz. Nein, aber sicher is 's. Gestern früh war er in Kirchberg und is dort tiefsinnig und verloren ums G'richts=gebäude herumg'schlichen. Die Leut, die 'n Lindenhofer als einen aufrechten, stolz daherschreitenden Mann alleweil 'kannt hab'n, haben ihn kaum wieder erkannt, so verändert war er. Dann is er wieder davongangen. Der Wegmacher auf der Straß'n hat ihn z' Mittag g'seh'n denselbigen Weg z'ruck= gehn, auf dem er am Morgen in den Markt 'kommen is.

Hofer. Und da meint Ihr denn —

Lenz. Daß der Lindenhofer, von Gewissenspein ge= trieben, durch eine Selbstanklage sein Verbrechen hat sühnen wollen.

Hofer. Aber im entscheidenden Augenblick hat ihn der Muth verlassen?

Lenz. So is 's. Er ist eben kein Held, der gute Mann, und ich denk', während das ganze Dorf ihn im Ge= birg' herumsucht, wird er sich daheim a warme Supp'n kochen lass'n.

Hofer. Ich bin Eurer Meinung nicht. Die Erschütter= ung war zu gewaltig.

Lenz. Und so was, meint Ihr, halt der Zehnte nöt aus — Ich glaub', der halt's aus. Aber ich hab schon g'sorgt dafür, daß er nimmer lang Versteckens spielt mit uns.

Hofer. Schreiber=Lenz, Ihr habt doch nicht —

Lenz. Freili hab i. — Beim G'richt bin i g'wesen und zu Protokoll geb'n hab i 's.

Hofer (erzürnt). Wer hat Euch das geheißen?

Lenz. Wer's mi g'hoaßen hat? — meine Ehr und mei G'wissen! — Glaubt Ihr, Eckhofer, i hätt dreißig Jahr in Schmach und Schand g'lebt, damit i jetzt, wo i dem Glumpert seine ganze Erbärmlichkeit ins G'sicht schmeißen kann, stab bin und mi duck und wart, bis 's Euch recht is? Oder soll i leicht den Ehrenmann, den Lindenhofer, schonen, weil er der reiche Lindenhofer is und i der Schreiber=Lenz, der Vagabund? Na, so woachherzig bin i nöt! — Mei Ehr will i wieder hab'n und Rache nehmen will i für dreißig Jahr Elend, und für meine zerstörte Existenz! (Rechts ab.)

Hofer (allein). Das Verhängniß nimmt seinen Lauf — ich kann und will es nicht aufhalten! Arme Leni!

Vierter Auftritt.

Leni, von rechts, Hofer.

Leni (zaghaft). Da is er. (Lauter.) Eckhofer.

Eckhofer (sie erblickend, überrascht). Leni, Grüß Gott!

Leni. Grüaß Gott! — Hätt was z' reden mit Dir, Eckhofer.

Hofer. Armes Kind, wie Du ausschaust.

Leni. Muß Dich was frag'n, Eckhofer, wirst mir ehrlicher Weis' Antwort geb'n?

Hofer. Gewiß, kannst Dich drauf verlassen.

Leni. I glaub's nöt, was b' Leut von Dir red'n, muß es von Dir selber hör'n.

Hofer. Schau', von mir hätten's schon zu red'n.

Leni. Daß Du 's am G'wissen hast, wann mei Baba — o Du mein Gott, i kann's gar nöt ausreden. (Bricht in Weinen aus.)

Hofer (ihre Hand fassend mit Wärme). Leni, weine nicht — Leni.

Leni (zu ihm aufblickend, vertrauensvoll). Gelt, 's is nöt wahr, was dö dort g'sagt hab'n. Du hast nix vorg'habt mit mein' Badarn.

Hofer (blickt verlegen — schweigt — kleine Pause).

Leni (angstvoll.) Jessas, Du bist stad? Red a Wartl, nur an oanzigs Wartl red, — sag' „Na" und i glaub's.

Hofer (gedrückt). Ich kann Dich nicht belügen, Leni — es ist allerdings was vorgangen zwischen uns.

Leni (gespannt). A kloana Dischputat — was Unbedeutend's.

Hofer. Nein, was sehr, sehr Ernstes.

Leni. Was is 's g'wes'n? — Sag's — Du mußt mir 's sag'n, Eckhofer.

Hofer. Dir? — Nein, das kann ich nicht.

Leni. Warum?

Hofer. Weil ich das Kind nicht zum Richter machen darf über den eigenen Vater.

Leni. Eckhofer, ich versteh' nöt, was Du moarst, aber wann Du nöt die Kuraschi hast, mir's in's G'sicht z' sag'n, so kann's nix Guats und nix Ehrlich's sein, und nachent hab'n b' Leut recht.

Hofer. Mein Gewissen macht mir keinen Vorwurf, und ob mir die Leute Recht geben oder nicht, darnach darf ich nicht fragen.

Leni. Wenn Dein G'wiss'n so weit is, daß Dir's recht gibt, wollt i nöt tausch'n mit Dir, Eckhofer. Leicht is 's mögli, daß Dei Vada z' kurz kemma is bei da Erbschaft und daß D' no was z' fordern hätt'st — aber wenn's D' so lang g'wart hast, hätt'st schan die paar Jahrl a nu wart'n kinna, dö der alt' Mann nu z' leb'n hat. Der Lindenhof war Dir nöt davon g'laufen und i und da Franzl, mir hätt'n Dir nix z'ruckb'halt'n, af was D' an Anspruch hast, selb' kannst mir glaub'n. Du hast aber nöt dawart'n kinna, daß D' uns aus 'n Lindenhof aussijagst, und hast mein' arm' Vadern, dem sein ganz Herz mit 'n Lindenhof z'samm= g'wachsen is, leicht dazu trieb'n, daß er sich 'n Tod geb'n hat.

Hofer. Du bist im Irrthum, Leni, wenn Du glaubst, daß mir's ums Geld geht oder um Deines Vaters Hof, 's ist was ganz anderes, um das es sich handelt.

Leni. Wann's an ehrliche Sach' is, so sag's, brauchst nöt hoamli z' thuan, sunst kunnt ma a sulchene Ehrlichkeit leicht für a Spitzbüberei anschaun.

Hofer (aufbrausend). Leni! (Gesammelt.) Ich kann Dir Deine Worte nicht übel nehmen, wenn sie mich auch unge= rechter Weise treffen und beleidigen.

Leni. Schau, hiazt g'fallst mar, Eckhofer, hat nur g'faihlt, daß D' no 'n Großmüthig'n spielst, daß i Di kenn as a Ganzer. Geh', i mag nix mehr z' thuan hab'n mit Dir und i dank mein Herrgott, daß i Di d'rkennt hab, wo's no Zeit is. — Hiazt, Eckhofer, weil's aus is mit uns und weil's 's letzte Mal is, daß mir zwoa mitanand red'n, hiazt will i Dir sag'n, daß i Dir so guat g'wes'n bin, wie gar koan anderen Mensch'n nöt auf der ganz'n Welt, daß i nur an Di denkt und von Dir tramt hab! (Mit verhaltenem Weinen.)

's kost mi mei Herzbluat, daß i mi g'irrt hab in Dir, und daß Du just 's Gegentheil bist von dem, was i mir denkt hab, daß D' warst; aber g'freu'n thut's mi, daß i Dir bös sag'n kann und mi nöt z' schama brauch' vor Dir und vor mir selb'n, wie Du Di hiazt schama mußt in bei Seel 'nein. So, und hiazt is 's g'sagt. B'hüat Di Gott, Eckhofer. (Rechts ab.)

Hofer (ihr eine Weile nachschauend). Leni! — — Nein, nein, sie mag gehen und mich hassen — ob sie die Wahrheit erfährt oder nicht (seufzend) mir ist sie ja doch auf immer verloren. (Geht langsam links ab.)

Fünfter Auftritt.

Jagl und Toni von rechts.

Toni. Na, was hast mar denn hoamlich's z' sag'n, Jagl?

Jagl. Pssst! — Nöt laut red'n, daß Neamb nixi nöt hört.

Toni Na ja (ihm ins Ohr.) I red schan stad.

Jagl (leise). Zwoa — zwoa Bildlthaler hat er — der Jagl.

Toni. O mei, wo hast es denn her?

Jagl. Z'schenka — z'schenka hat er 's kriagt — der Jagl.

Toni. Von wem denn?

Jagl. He, he, he — sagt er nöt — der Jagl — he, he, he.

Toni. Is a recht. Thu bar's vagunna.

Jagl (streichelt sie). Weil's D' halt 'n Franzl gern hast, he, he, he.

Toni (verschämt). Geh' zua! Is ja nöt wahr.

Jagl. He, he, he. Hast 's ja selb'n g'sagt, 'n Bauern.

Toni. Nachert wird's leicht bo richti sein.

Jagl. Und weil's D' halt an arm's Dirndl bist — an arm's Dirndl — was koa Geld nöt hat —

Toni. Deßtweg'n wolltst mir leicht Deine zwoa Bildlthaler schenka?

Jagl. Freili — he, he, he, freili —

Toni. Geh, bist do nöt g'scheidt.

Jagl. Ja, is a recht, he, he, he — da hast oan — zwoa (reicht ihr das Geld). Daß D' 'n Franzl heirat'n kannst, he, he, he.

Toni. Aber geh, dös war ja z' viel zan Heirat'n.

Jagl. Wirst 's schan braucha — he, he, he — wann Sulchene kentma (hält die flache Hand, kleine Kinder bezeichnend, am Boden.) He, he, he.

Toni. Bist halt do a seelenguater Ding, Jagerl, abe i dank Dar recht schön. Dein Geld mußt schan g'halt'n, wa a Sünd von mir, wann i 's nehma that. — Aber da hast a Busserl für Dei Guatheit. (Küßt ihn, rasch rechts ab.)

Jagl (ihr nachschauend). He, he, he — busselt hat's 'n Jagl. — U je! is dös was Guats! — he, he, he — Und dö Bildlthaler — (besieht sie traurig). Koa Mensch mag's nehma — der Ferdl nöt — d' Toni nöt — was soll er nachert anfanga damit — der Jagl? (Steckt sie in den Sack und geht hinter den Felsen, der die Schlucht maskirt.)

Sechster Auftritt.

Kreuzer=Lipp, Schachner=Mathias, Einöder=Martl, Holzner=Poldl, Winkler=Loisl, Schachner=Andredl, Kreuzer=Mali, Einöder=Naz, Bauern, Bursche, Dirnen, von links.

Kreuzer. San ma da alle beinand?

Schachner. Na, 's fehlen no etliche.

Loisl. Vielleicht werd'n dö 'n Lindenhofer g'fund'n hab'n.

Einöder. Nix werd'ns g'fund'n hab'n, der Lindenhofer halt uns alle für'n Narren.

Loisl (lacht). Moanst leicht, er hätt si' in sein Hof versteckt?

Poldl. Vielleicht in Backofen?

Anbredl. Oder in Saustall — moanst, Naz?

Naz. In Saustall nöt, dort is z' finster. (Gelächter.)

Mali. Des seids do a rechts G'sindel überanand, alleweil habt's nur z' sticheln über 'n Nazl.

Naz (dumm lachend). I mach ma nix b'raus.

Schachner. I kann's nöt glaub'n, daß der si' was anthan hätt, hat's Leben gar zu gern, der Sakra.

Kreuzer. Was war denn sunst g'scheg'n mit ihm, wann er nöt da is?

Einöder. Wird halt a Roas g'macht hab'n — wer kann's wissen, wohin?

Loisl. A Roas in b' Ewigkeit.

Schachner. Ja, verdächti is 's halt sakrisch.

Kreuzer. Daß er sich umbracht hätt' glaub i nöt, wüßt a nöt, warum er dö Dummheit than hätt, aber leicht mögli is 's, daß er is umbracht worb'n?

Einige. Was?

Andere (gleichzeitig). Umbracht wär er worb'n.

Kreuzer. Mirkt's auf, Leutl, was i enk sag. I hab 'n Schreiber=Lenz im Verdacht, der kunnt's than hab'n.

Alle. Der Schreiber=Lenz?

Kreuzer. Ja, der Schreiber=Lenz, der Vagabund is enk z' Allem fähig.

Schachner. Ja, zuzutrauen war's eahm schon.

Einöder. Kunnt mar nöt denken, warum der 's than hätt.

Kreuzer. Warum der 's than hätt? — Aus Schlech=tigkeit! — Den Tod vom Jager=Simerl hat er am G'wiss'n, wird ihm auf an Mord mehr oder weniger nöt ankemma.

Schachner. Magst leicht Recht hab'n Kreuzhofer.

Kreuzer. Z'weg'n wö denn nöt? — Der Schreiber-Lenz hat's alleweil scharf g'habt auf bö vom Lindenhof. — Der Ferbl is weg'n seiner im Kriminal g'sessen, und daß der Lindenhofer alleweil sagt, der Lenz is schuld' am Jager-Simerl sein Tod, bös woaß er a, und grab vorgestern Abends beim Flachsbrecheln am Lindenhof, wie davon b' Red war, is er herg'schlicha kemma und hat g'horcht, i selber hab's g'seg'n. Da wird er halt aus Rache 'n Lindenhofer hoamli wo umbracht hab'n.

Schachner. Ja, er wird 'n umbracht hab'n.

Einöder. Der Schreiber-Lenz is a Vagabund, aber koa schlechter Kerl; und so was kunnt i eahm nöt zutrau'n.

Naz. Hast Recht Vaba, i kunnt eahm so was a nöt zutrauen.

Kreuzer. Werd's schon auf mei Red kemma, paßt 's nur auf, i wett, der kimmt nu amal auf 'n Galgen!

Siebenter Auftritt.

Schreiber-Lenz, Vorige.

Lenz. Wen hast denn jetzt zum Hängen verurtheilt, Kreuzhofer?

Kreuzer. Denselbigen, der 'n Lindenhofbauern umbracht hat.

Lenz (überrascht). Was? — Er is todt?

Kreuzer. Was fragst denn? Mußt 's ja am Besten selber wissen.

Lenz. Kreuzhofer, mir scheint, bei Dir is 's nöt richti.

Kreuzer. Wann der Lindenhofer todt is, bann wissen wir schon, wer ihn umbracht hat. (Gemurmel.)

Lenz. Kreuzhofer, i verlang a bestimmte Antwort von Dir. Is der Lindenhofer todt oder nöt?

Kreuzer. J woaß nöt.

Lenz. Ob er todt is, woaßt nöt; aber wer 'n umbracht hat, bös woaßt? — Kreuzhofer, das is wieder Daner

von Deine schlechten G'spaß, mit benen Du ehrliche Leut ihren guten Namen zu Grunde richst. Aber den Meinigen wirst von heute an in Ruh lassen. Den Jager=Simerl hab i nöt derschossen — dem sei Mörder is — der Lindenhof=
bauer! (Bewegung.)

Kreuzer (erregt). A Lug is 's!

Einöber. I hab, was 'n Jager angeht, alleweil bei Dir g'halt'n, Schreiber=Lenz, aber hiazt sag i, der Kreuzhofer hat Recht! Der Lindenhofbauer is mein Freund nimmer, aber deßtweg'n laß i ihm sei Ehr do nöt wegnehma von so an Lumpen, wies Du bist.

Lenz. Und i sag Enk, er is der Mörder vom Jager=Simerl.

Kreuzer (faßt Lenz). Er verschimpft uns Alle mitanander. Haut's 'n! Schlagt's 'n todt, den Hund! (Alle stürzen sich auf ihn.)

Achter Auftritt.

Hofer, Vorige.

Hofer (bricht sich Bahn und stellt sich vor Lenz). Halt! Zurück sag ich! — Was dieser Mann gesagt hat, ist die Wahrheit! (Bewegung.) Seht mich an! Ich bin der Sohn vom Hinterberger Ferdl und bin gekommen, um die Ehre meines Vaters wieder herzustellen. — Der wahre Schuldige ist gefunden — der Schreiber=Lenz ist es nicht.

Lenz (Hofers Hände fassend). Eckhofer! Eckhofer! Ihr habt mir an Stoa von mein' Herz'n weggnumma, der schon seit dreißig Jahr drauf g'leg'n is; Ihr habt mir vor diesen Leuten mein' Ehr wiedergegeben — i dank Euch zu tausend und tausendmal! Und jetzt laßt uns 'n Lindenhofer aufsuchen! Wir müssen ihn finden, lebendig müssen wir ihn finden und vor meinen guten Freunden da (auf die Bauern zeigend) muß er einge=
stehen, daß er 'n Jager Simerl b'rschossen hat! — Und nachert g'freut's enk, ös g'scherte Bagaschi überanand! Wie a Hahn af'n Mist will i bahersteigen und mit Verachtung af Enk abaschau'n, ös Protzen! — Mein Reichthum is da in meiner Brust, es ist mein ehrlicher Nam', und den habt's Ihr mir wieder=

gegeben, Eckhofer! Das werd' i Enk niemals — niemals vergessen! (Ab mit Hofer nach rechts, die Andern folgen.)

Neunter Auftritt.

Hinterberger, gebeugt, schlotterigen Ganges, entstellte Züge, von
links, sich umsehend.

Hinterberger. Da is 's g'wen. Da bromat, wo's Marterl steht. Der leibhaftige Teufel is 's g'wen, der mi daher g'lockt und mir 'n Stutzen in d' Hand druckt hat. Seppl, der schönste Hahn im Kroas, schoiß dar'n awa! Aber kaum is er owapurzelt, raschelts hinter meiner, und wie a mi anschreit der Simerl: — Steh' Wilddieb! Hab i Di amal? — Hätt i leicht soll'n steh'n bleiben und mi zum G'richt führen lassen, — i, der Hinterberger Sepp? — Oder hätt i mi soll'n daschießen lassen? — Da is ma 's in b' Fingerspitzeln g'fahren — kracht hat 's, und da is er g'leg'n da Jager. — Na, na, Seppl, derfst Di nöt selm b'lüg'n, es wurd ja nöt so aus g'wen sein, weg'n dem Hahn! Na, um's Leben is mir's nöt gangen, hätt nur brauchen 'n Stutzen hinz'werfen, und er wurd mir nixi than haben, der Jager. — Ja, wenn's a Nothwehr g'wen war, da hätt ich a Entschuldigung da brobn beim lieben Herrgott, aber 's is koa Nothwehr g'wen und bös is dö Sünd! Hab mir schon denkt, der im Himmel hätt an Aug zubruckt, weil i bet hab und Messen lesen lassen und Almosen geben und weil's mir dö Jahr her alleweil so gut gangen is, wie oan, mit dem seiner Aufführung unser Herrgott völli z'frieden is — aber auf amol is daherkemma, an oan oanzigen Tag, alles mitanand — und hiazt — hiazt is aus, alles is hin — 's Glück, dö Ehr und dö Hoffnung, daß der Himmelvater vergessen hätt af mi. — Du bist a Mörder, Lindenhofer, so hör i 's rufen, da einwendi Tag und Nacht, und der Jaga steht vor meina und winkt mit 'n Finger, wia a G'spenst und lockt mi, daß i zan eahm kemma soll — und so is 's a 's Beste. (Blickt sich wie Abschiednehmend rings um, dann kräf'igeren Schrittes steigt er den Felssteig empor, kniet vor dem Martl nieder und umklammert es mit den Armen.) Du abgeschiedene Seel da brobmat, verzeih' ma's, was i than hab, — barmherziger Gott im Himmel, hab' Mitleid mit mein' großen Elend und sei ma gnädig! (Erhebt sich rasch, tritt auf den Steg, schwingt sich über denselben und stürzt sich in den Abgrund. — Musik, welche so lange fortdauert, bis Hinterberger auf der Bühne und gelagert ist.)

Zehnter Auftritt.

Jagl, hinter dem Felsstück hervor, Hofer, dann Hinterberger.

Jagl. Leutl hört's! — Kimmt's Leutl, er hat si' dafall'n — der Bauer hat si' dafall'n!

Hofer (von rechts herbeistürzend). Der Lindenhofer?

Jagl. Na ja — der Bauer halt.

Hofer. Wo?

Jagl. Kimm, Ferdl — zoagt dar's halt — da Jagl. (Beide hinter den Felsen. Nach einer Weile kommen sie zurück mit Hinterberger, denselben von beiden Seiten halb tragend, halb stützend.)

Hofer. Dort zu dem Baum hin, Jagl.

Jagl. Na ja, ja. (Führen ihn zum Baum, lassen ihn vorsichtig nieder, so daß er mit dem Rücken an den Stamm gelehnt ist.)

Hofer. Wie ist Dir, Lindenhofer?

Hinterberger (schwach, beide Hände an die Herzgegend pressend). Völli wohl.

Hofer (immer noch an seiner Seite kniend und ihn stützend). Lauf, Jagl, ruf die Leute zusammen, sind im Erlgraben, sag, der Lindenhofer ist da. Und mein Roßknecht, der Hias, soll gleich einspannen und den Bader holen. Hast mich verstanden?

Jagl. Na ja, ja — der Lindenhofer is da — und der Hias soll 'n Bader einspanna. (Rasch rechts ab.)

Hinterberger. Der Bader wird mir nöt helf'n und koan Anderer a nöt.

Hofer. Mußt nöt verzagen, Lindenhofer.

Hinterberger. G'rad wia a letzte Gnad vom Himmel kimmt ma's für, daß i no mit Dir red'n kann, Ferdl.

Hofer. So red halt, wenn Du glaubst, daß Dir leichter wird.

Hinterberger. Ferdl, Du kannst Dir's gar nöt denken, wias an Mensch'n, wia i bin, im Gmüath is, wenn er sich auf b' Roas macht in b' Ewigkeit. — 'n Jager=Simerl sein Tod hab i af 'n G'wiss'n und Dein Vada is durch mi in b' Schand kemma. Was eahm von Rechtsweg'n g'hört hat — der Hof und die Wirthschaft, hab i eahm weggnumma und er hat fortmüass'n in's Elend. Wann's D' mir ver= sprech'n kunntst, daß er mir verzeiht — 's war a Trost für mi — in meiner letzten Stund.

Hofer. Alles, alles, verzeiht er Dir — in seinem Namen geb' ich Dir die Hand zum Frieden und zur Ver= söhnung.

Hinterberger. Dank Dir Gott dafür. — So, hiazt fühl i mi schan um b' Halbscheid gringer — um b' Halb= scheid. (Stöhnt.)

Hofer. Es greift Dich an — die Schmerzen über= wältigen Dich.

Hinterberger (macht ein abwehrendes Zeichen mit der Hand). Mir is leicht.

Elfer Auftritt.

Lenz und alle anderen Personen des Stückes kommen von rechts. Die Vorigen.

Franz und Leni (kommen nach Vorne und lassen sich leise schluchzend auf die Knie nieder.

Hinterberger (reicht Beiden die Hände diese beugen sich darüber und küssen sie). Arme Kinder! — (Winkt den Rückwärts= stehenden.) Kommt's her Alle. — (Alle kommen nach Vorne.) Müaßt's noch naheter kemma — so — bin gar so schwach nnd kann nimmer pfnausen.*) Hab enk was z'sag'n, Nachbarn' lost's auf — und verzeiht's mar, und Du Lenz, gib ma b. Hand, hab viel verschuld't an Dir — (Lenz gibt ihm die Hand.) Den Jager=Simerl sein Mörder, dös bin i — i bin's — daß ös wißt's — der Ferdl, mei Bruder, is unschuldi. — (Sinkt stöhnend zurück.)

---
*) athmen.

Leni. Vada, mögst thoan hab'n, was da will, bleib' nur bei uns, verlaß uns nöt.

Hinterberger (winkt Toni, die seitwärts steht, heran; zu Franz.) Nimm's!

Toni (kniet neben ihm nieder, schluchzt leise).

Hinterberger (Leni streichelnd). Du arms Dirndl, hast koan Mensch'n nöt, zu dem 's g'hörst.

Hofer. Laß mich ihr ein Beschützer sein. (Faßt Lenis Hand.)

Hinterberger (nickt zustimmend, sinkt zurück; die Gruppe der Fremden kniet im Halbkreis, die Angehörigen gruppiren sich knieend um den Todten, so daß sein Anblick dem Publikum entzogen wird.)

(Der Vorhang fällt langsam.)

Ende.